Quietude

1ª edição | março de 2014 | 5.000 exemplares
2ª reimpressão | março de 2014 | 3.000 exemplares
3ª reimpressão | setembro de 2014 | 2.000 exemplares
4ª reimpressão | setembro de 2024 | 1.000 exemplares
Copyright © 2014 Casa dos Espíritos

Casa dos Espíritos Editora
Avenida Álvares Cabral, 982, sala 1101 | Lourdes
Belo Horizonte | MG | 30170-002 | Brasil
Tel.: +55 (31) 3304-8300
editora@casadosespiritos.com
www.casadosespiritos.com.br

EDIÇÃO, PREPARAÇÃO E NOTAS
Leonardo Möller

CAPA, PROJETO GRÁFICO, DIAGRAMAÇÃO,
SELEÇÃO E TRATAMENTO DE IMAGENS
Andrei Polessi

REVISÃO
Laura Martins

IMAGENS
Shutterstock, Inc.

IMPRESSÃO E ACABAMENTO
PlenaPrint

Robson Pinheiro
Quietude

PELO ESPÍRITO
ALEX ZARTHÚ

casadosespíritos

Dados Internacionais de Catalogação na Publicação (cip)
(Câmara Brasileira do Livro, sp, Brasil)

Zarthú, Alex (Espírito).
Quietude / pelo espírito Alex Zarthú;
[psicografado por] Robson Pinheiro. – Contagem, mg :
Casa dos Espíritos Editora, 2014.

isbn 978-85-99818-31-2

1. Autoconhecimento – Teoria 2. Espiritismo
3. Psicografia 4. Terapia espiritual i. Pinheiro, Robson. ii. Título.

14–01592   CDD–133.901

Índices para catálogo sistemático:
1. Autoconhecimento : Ensinamento espírita 133.901

OS DIREITOS AUTORAIS DESTA OBRA foram cedidos gratuitamente pelo médium Robson Pinheiro à Casa dos Espíritos Editora, que é parceira da Sociedade Espírita Everilda Batista, instituição de ação social e promoção humana, sem fins lucrativos.

COMPRE EM VEZ DE COPIAR. Cada real que você dá por um livro espírita viabiliza as obras sociais e a divulgação da doutrina, às quais são destinados os direitos autorais; possibilita mais qualidade na publicação de outras obras sobre o assunto; e paga aos livreiros por estocar e levar até você livros para seu crescimento cultural e espiritual. Além disso, contribui para a geração de empregos, impostos e, consequentemente, bem-estar social. Por outro lado, cada real que você dá pela fotocópia ou cópia eletrônica não autorizada de um livro financia um crime e ajuda a matar a produção intelectual.

Nesta obra respeitou-se o Acordo Ortográfico da Língua Portuguesa (1990), ratificado em 2008.

Aos amigos de longe e de perto, que,
cada qual à sua maneira, contribuem para meu crescimento,
sem me impor a obrigação de aperfeiçoamento.
Àqueles que falam mal e àqueles que me incentivam ao trabalho.
Aos que aplaudem e aos que jogam pedras;
afinal, ninguém joga pedra em árvore que não dá frutos.

Sumário

Introdução, xiii

pelo espírito Alex Zarthú, o Indiano

1   O poder do perdão, 17

2   Amar-se é dar chance à felicidade, 23

3   Autoboicotes, 31

4   Memória celular, 36

5   Simplificar mais, 43

6   Há tempo para tudo, 52

7   Sensibilidade e sinceridade, 59

8   Por que aceitar tudo?, 68

9   Pecar e pecados, 77

10   Competência ou aparência?, 90

11   Sorrir sempre? Acertar sempre?, 99

12   Perguntas essenciais, 106

13   Antecipar, 115

14   Sê mais leve contigo, 121

15   O que precisa ser dito, 129

16   Nem tudo precisa ser dito, 135

17   Crenças, 143

18   Ciladas, 153

19   Traumas, 161

20 Em vez da dificuldade, que desejas?, 167

21 Metas e objetivos, 175

22 Procrastinar, deixar para depois, 181

23 Fracasso espiritual e manipulações, 188

24 Compromisso ou vício?, 199

25 Homem de bem ou homem bom?, 208

26 Morte e morrer, 213

27 A importância do dinheiro, 218

28 Fazer as pazes com suas emoções, 227

29 O exercício do desapego, 234

30 Cura ou reequilíbrio?, 241

Referências bibliográficas, 248

Sobre o autor, 252

Introdução

pelo espírito Alex Zarthú

ESTE LIVRO NÃO É um compêndio de autoajuda. Tampouco se constitui em um manual de sabedoria ou de vivência cristã. Não se trata de um roteiro de santificação, reforma íntima ou autorrealização. Trata-se apenas da opinião de um habitante do invisível a respeito de questões humanas do cotidiano. Tão humanas como o próprio autor destas palavras.

Ao percorrê-las, o leitor se deparará com citações bíblicas, comentários que primeiro serviram para o próprio autor espiritual abrigar-se na quietude de sua alma e tentar produzir um movimento íntimo no qual fosse possível realizar alguma transformação essencial. Em suma, são palavras e mensagens dos vivos imortais para os vivos que habitam o outro lado do véu e do maia.

Caso sirvam para ti, meu querido amigo e leitor, sorve-as como se fossem um líquido que, talvez, possa saciar a sede. Não penses que encontrarás pregações moralistas recheadas de proibições; não, mesmo. Verás apenas o fruto de reflexões destinadas àqueles que querem, por algum meio, promover uma transformação dentro de si, sem se agredir e respeitando os próprios limites de entendimento e amadurecimento.

Eis minhas palavras a ti. Espero que possamos nestas páginas nos aproximar mais, numa coexistência íntima e pacífica, quase numa fusão de almas. Quem sabe assim poderás me auxiliar a colocar primeiro em prática estas reflexões para, então, poder eu ser mais útil à humanidade, de alguma maneira.

ALEX ZARTHÚ, o Indiano
Belo Horizonte, 14 de fevereiro de 2014.

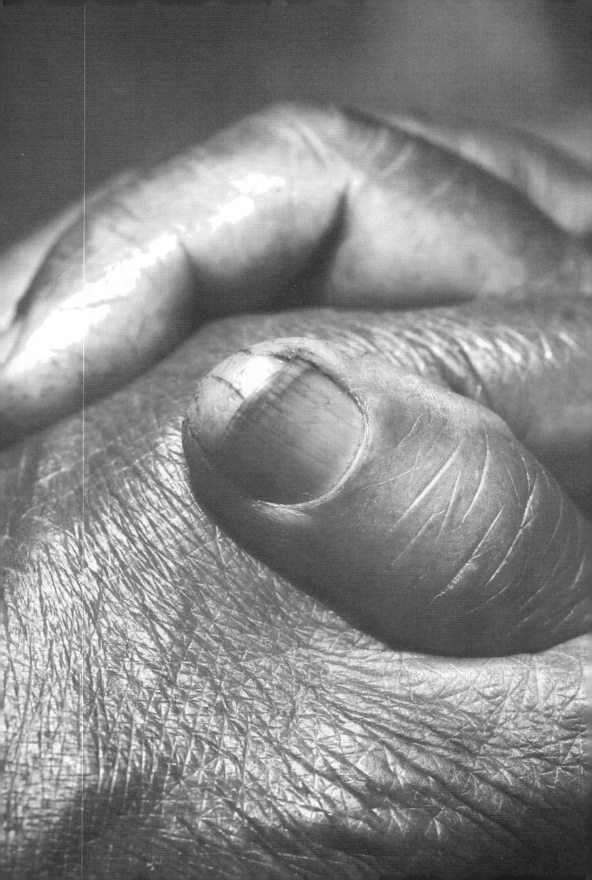

I
O poder do perdão

"E, se pecar contra ti sete vezes no dia, e sete vezes no dia vier ter contigo, dizendo: Arrependo-me; perdoa-lhe."
Lucas 17:4

PERDOAR É LIBERTADOR. Diante dos desafios da convivência humana, muitos guardam rancor e mágoa, raiva e ira acumulados como veneno da alma. Esses fantasmas ameaçadores da felicidade alimentam um quadro interno de angústia a tal ponto pernicioso que se gera verdadeiro purgatório de sentimentos destrutivos e daninhos. A mente do homem passa a viver num círculo vicioso, em que confabula mil e uma vinganças e retaliações as mais comezinhas, frequentemente delírios impossíveis de se cumprirem, muito embora factíveis, em alguns casos. Tais pensamentos circundam o psiquismo de modo mais ou menos intenso, geralmente despendendo tempo, energias e emoções, pois encontram ressonância interna quase imediata. Perdem-se muitas horas, principalmente à noite, ao se delinear cada desforra e arquitetar cada resposta, que se apresentam sempre com um conteúdo intenso, apaixonado e revoltoso; logo ao amanhecer, chega-se à conclusão de que jamais se colocarão em prática os planos de revide elaborados e esmiuçados durante o período que deveria ser destinado ao repouso regenerador do sono. Perde-se o sono, perde-se o tempo e, sobretudo, desgastam-se as emoções em decorrência de algo que, provavelmente, jamais se concretizará — graças a Deus.

Esse comportamento, bem mais comum do que se possa imaginar, responde por grande parte dos dissabores do dia a dia, da insatisfação com o resultado de várias experiências cotidianas, pois torna a alma cansada, as emoções desgastadas e, naturalmente, a produtividade fica comprometida. Nos mais diversos aspectos, reduz-se a capacidade de realizar ou sofre-se com a má qualidade do que é feito. O ser entra numa espécie de viciação mental; não se libera nem se liberta para viver a vida de maneira mais produtiva, satisfatória e feliz.

Perdoar assume, então, um papel de magna importância, pois tira o peso de sobre a alma, suavizando a experiência humana. Perdoar não é algo que beneficia o ofensor. Pelo contrário, e de forma especial, liberta aquele que supostamente foi alvo da ofensa; livra o ser do peso esmagador das noites difíceis, quando dedica seu tempo a maquinar táticas e métodos de revide. Rompe-se o círculo mental vicioso, que o leva a pensar incessantemente nas palavras que o ofenderam, nas atitudes que o magoaram e no alvo de tanto desafeto. Perdoar é libertador; é uma das forças mais poderosas do universo.

De outro lado, quando se tem algo malresolvido consigo mesmo, que assoma teimosamente à memória, perdoar-se é o melhor remédio. Ao relembrar o fato ou refletir sobre o passado, em que alguma atitude foi tomada de maneira a produzir sofrimento ou arrependimento, perdoar-se é o melhor remédio. Permitir que o universo conspire a seu favor, perdoando-se, libertando-se do peso da culpa ou do remorso, ainda é o melhor caminho. Muitos não se permitem experimentar a felicidade nem reconstruir sua caminhada porque permanecem tempo dilatado demais fixados mental e emocionalmente em determinado acontecimento, o que agrilhoa a alma ao lodo da culpa.

Alguns sábios do passado aconselhavam uma oração simples, porém eficaz, de extremo poder para liberar a mente desse circuito de emoções e pensamentos que prendem o ser à retaguarda, impedindo-o de crescer e experimentar novas emoções, libertadoras e realizadoras. Aconselhava-se a pessoa que não se perdoou a repetir a frase: "Eu me perdoo", dirigindo-se à própria mente, aos arquivos da memória espiritual. E a afirmativa "Eu te perdoo" era aplicada quando se desejava libertar-se de lembranças ruins em relação a quaisquer pessoas de seu relacionamento, quando não se havia conseguido perdoar ao ofensor. Ao lançar mão dessa técnica simples, a mente passa a absorver a mensagem direcionada a cada célula, a cada átomo, contrapondo-se ao que fora ali registrado pela força de pensamentos destrutivos e mal orientados, de emoções oscilantes e de conteúdo daninho. Além do mais, o ato de se perdoar e dizer a si próprio que se perdoa faz brotar na intimidade um novo estado de espírito, renovado a cada dia pelo exercício do perdão, do autoperdão. Por extensão, à medida que a pessoa aprende a perdoar-se, exala da alma a capacidade de perdoar o próximo naquilo que se julga haver ofendido. Perdoar-se e perdoar são uma e a mesma habilidade, e é sobre isso que nos advertem as palavras do rabi nazareno: "Porque com o juízo com que julgardes sereis julgados, e com a medida com que tiverdes medido vos hão de medir a vós".[1]

Contudo, é bom esclarecer que perdoar, conforme enfatizamos, não implica baixar a guarda e permitir que se repita a experiência daninha, que o levou a uma atitude de autodefesa, embora de maneira nociva para si mesmo. Perdoar significa libertar-se da opressão das emoções que te mantêm cativo, seja ela decorrente da situação vivida com aquele que tu julgas te haver ofendido, seja decorrente das atitudes do passado que te submergem na culpa. Perdoar é não boicotar os anseios de felicidade do outro — tampouco os teus. Per-

---

[1] Mt 7:2. (Todas as citações bíblicas foram extraídas da fonte a seguir, exceto quando indicado em contrário. BÍBLIA de referência Thompson. São Paulo: Vida, 1995. Tradução contemporânea de João Ferreira de Almeida.)

doar é permitir que o universo continue canalizando recursos para teu crescimento.

Como não há fórmulas para o total esquecimento de situações indesejáveis, o perdão surge como a força que movimenta o peso da alma, deslocando-o para um estado em que não afetará mais a caminhada nem será veículo de boicote da felicidade tanto própria quanto alheia. Perdoar liberta e libera a alma para viver num patamar mais elevado, numa frequência mais ampla, respirando um ar mais leve, de maneira que a felicidade e a satisfação possam ter livre acesso ao interior.

2
Amar-se é dar chance à felicidade

"Um novo mandamento vos dou:
Que vos ameis uns aos outros; como eu vos amei a vós,
que também vós uns aos outros vos ameis."
João 13:34

ASSIM COMO O PERDÃO, o amor é das principais forças que movem o universo. Embora, evidentemente, nenhum de nós que vivemos em dimensões tão humanas, ainda distantes das esferas chamadas angelicais, saibamos o significado verdadeiro do amor.

Fala-se tanto em amor que, muitas vezes, confunde-se amor com sexo, com interesses os mais imediatos ou com emoções passageiras. Quero falar de uma outra face do amor.

Quando o ser caminha em direção ao infinito, nesta maravilhosa experiência que se chama vida, deve aprender a se amar, a dar-se uma chance para ser feliz.

É verdade que a felicidade completa ainda é algo distante de ser alcançado; contudo, é possível a felicidade relativa — "Ser tão feliz quanto possível na Terra",[2] nas palavras de um sábio —, mas só quando a pessoa se permite experimentá-la. A essa permissão é que chamo de amor, de autoamor. Mas o amor a si próprio, tanto quanto a permissão para o universo te conduzir à felicidade, anda passo a passo com o perdão. Para amar-se é preciso perdoar-se, liberar-se dos impedimentos do passado, fazer as pazes com ele. E fazer as pazes com o passado, ao mesmo tempo em que significa perdoar, é sinônimo de amar-se.

Não há como se amar, isto é, dar esse consentimento ao universo e à vida para que conduzam a ti experiências mais satisfatórias, sem aliviar o peso do sofrimento interno. Por isso, para se amar, é preciso ter se perdoado, liberado, aliviado o fardo das cobranças, das exigências duras e quase impossíveis de serem realizadas. Necessariamente, amar passa por simplificar

[2] KARDEC, Allan. *O livro dos espíritos.* 1ª ed. esp. Rio de Janeiro: FEB, 2005. p. 521, item 920.

as exigências consigo mesmo. Após esse fenômeno de simplificação, de arquivar, diluir ou eliminar os impedimentos para a caminhada mais tranquila e satisfatória, então virá a oportunidade de permitir-se experimentar novas situações que trarão felicidade.

Sabendo que os homens do planeta Terra, por muitos milênios ainda, permaneceriam distantes da perfeição, Cristo reinterpretou ou condensou os mandamentos antigos, apresentando apenas uma única diretriz para a felicidade humana: que nos amássemos, segundo suas próprias palavras.

Caso não sejas capaz de fazer aquilo que esperam de ti, caso o peso das exigências te esmaguem a alma, lembra-te de que a maior diretriz que já foi dada à humanidade foi simplesmente amar. Portanto, faças o que fizeres, ama-te, assim permitindo que a vida canalize a ti os recursos para tua felicidade. Permite a ti ser feliz o máximo que puderes; permite que o universo conspire em favor de tua felicidade.

Na trajetória que empreende em busca da satisfação, o homem deve ficar atento, pois muitas vezes os caminhos que procura e a felicidade que almeja, com efeito, não são o mesmo caminho nem têm o mesmo fim que as forças soberanas da vida lhe programaram. Há rotas que, no seu destino, reservam ao ser a morte e a destruição das conquistas pessoais e da própria felicidade, tão almejada. Outras estradas, muitas vezes menos atraentes, porém escolhidas ou sinalizadas pela vida, ressignificam a experiência humana, dando-lhe um sabor inigualável de satisfação e felicidade, numa medida mais exata, em que se pode experimentá-la. Sob esse ponto de vista, é mais inteligente para o homem amar-se, assim permitindo ao universo torná-lo feliz e conduzi-lo à felicidade; é mais inteligente não criar empecilhos para a realização pessoal e íntima, e é mais saboroso para a caminhada não boicotar-se a si próprio, degustando em cada passo o prazer e a felicidade que é possível ter na dimensão humana em que se vive. Isso é amar, sobretudo é permitir ao mundo, ao cosmo, à própria vida guiá-lo; é, enfim, dar a si mesmo a permissão de ser feliz.

Quando se ama, quando se respeitam os limites da própria felicidade, brota no ser uma profunda compreensão dos limites do próximo e da necessidade do outro de ser feliz à sua maneira. Sim, à sua maneira, pois não há uma fórmula que defina a felicidade nem que a generalize, obrigando a todos ser assim ou assado. A compreensão da necessidade alheia de elaborar e encontrar seu próprio caminho significa permitir que o outro voe, que alce voos cada vez mais altos e procure o próprio ninho, ainda que seja longe de si próprio. A permissão para ser feliz como se pode ser, e na proporção exata em que se pode experimentar a felicidade, chamamos de amor a si mesmo, de autoamor; a compreensão, a permissão para que o outro seja feliz à sua maneira, chamamos de amor ao próximo.

Esse conceito talvez facilite encontrar um meio termo entre se amar e amar o outro, pois basta um olhar atento e poderás observar quanto a felicidade das demais pessoas, incluindo aquelas que dizes amar e são importantes para tua caminhada, pode estar distante de ti, em endereço diferente daquele onde te sentes bem. Nem sempre o bem que desejas para o outro é o bem que ele quer para si. Amar pode ser traduzido como uma grande lição de entendimento entre tua inteligência e a inteligência do universo, pois te faz perceber que, ao permitir à vida a condução à felicidade, tal permissão não é passível de manipulação. Amar é entregar-se plenamente à inteligência da vida, é procurar simplificar até a própria felicidade. E simplificar, aqui, tem o sentido de não complicar.

Dito de outro modo, conceder tal permissão às forças soberanas da vida significa limpar o caminho mental e emocional para que a vitória, a felicidade e a satisfação possam transitar em tua direção. Limpar de exigências, desobstruir o caminho dos aparatos e acessórios desnecessários; aprender a agir como uma criança que recebe como um presente o bem da vida, e qualquer outro bem que lhe seja direcionado, dele usufruindo da maneira como pode. Amar-se, ainda, é não boicotar os esforços da vida e de Deus em conduzir-te à felicidade.

Se não dás conta de fazer aquilo que tua fé exige ou tu mesmo exiges de ti, simplesmente ama. Se não correspondes ao que esperam de ti e ao que julgas que os seres iluminados aguardam de tua conduta, ama simplesmente. Se a religião, a moral ou os bons costumes querem de ti determinado comportamento que não estás preparado para adotar, responde apenas amando.

Afinal, quando o maior terapeuta que a humanidade conheceu apresentou aos seus seguidores uma nova lei ou conduta de vida, ele asseverou que traria uma proposta diferente: apenas o amor. Assim, se não és perfeito, se chegaste à conclusão de que a perfeição está longe de ti ou de que te encontras excessivamente distante de ser aquilo que esperam de ti, apenas ama, pois foi esta a única rota dada por Cristo à humanidade: "Isto vos mando: Que vos ameis uns aos outros".[3]

[3] Jo 15:17.

3
Autoboicotes

*"Ou como dirás a teu irmão: Deixa-me tirar o argueiro
do teu olho, estando uma trave no teu?"*
Mateus 7:4

PROCURA LIBERAR DE TUA VIDA e de tuas experiências as atitudes daninhas que impedem teu progresso e constituem obstáculo às tuas realizações. Muitas das barreiras que encontras em tua jornada são fruto de tuas próprias atitudes, por vezes inconscientes, mas ainda assim daninhas, pois são como uma trave que te impede de ver mesmo alguns centímetros à tua frente.

As atitudes que engessam a mente e causam atraso ou mantêm em suspenso os mais simples projetos pessoais geralmente demandam um esforço de conscientização. Ou seja, primeiro é preciso admitir que existe um problema, e então migrar em direção à solução. Sem identificar as atitudes de autossabotagem que se costuma sustentar, não há como solucionar aquilo que denominamos problema.

O boicote a si mesmo é algo muito comum no cotidiano de grande parte das criaturas. Na verdade, é de tal maneira generalizado, que a maioria das pessoas passa a vida inteira sem conseguir identificar os obstáculos à própria felicidade ou à vitória pessoal. Com isso, costumam ficar às voltas, num círculo vicioso à procura de culpados ou responsáveis por seus insucessos ou sua infelicidade. O autoboicote é uma atitude tão entranhada no comportamento do ser que muitos projetam na esfera espiritual as motivações do seu fracasso, pois é mais fácil culpar alguém, mesmo que invisível, do que assumir sua responsabilidade diante da vida. Como consequência, a insatisfação gerada se espalha como uma onda nociva em torno do ser, ocasionando o pessimismo, a baixa autoestima e as emoções oscilantes, que determinam um quadro interior de variada complexidade.

Entretanto, não fica sem remédio tal situação, mesmo que pareça insustentável aos olhos comuns. Há que se proceder a uma análise do quadro interno, detectando os sistemas internos de sabotagem, as atitudes repetitivas que determinam o fracasso ou a infelicidade. Isso não soa fácil aos ouvidos da alma. Mesmo assim, é possível reverter o processo com a reeducação do pensamento e das emoções, de preferência, mas não necessariamente, com o auxílio de alguém especializado. Urge reeducar a forma de ver, evitando-se a mania de se autopreservar da análise que despe a alma das máscaras e roupagens, a disfarçar o que deve ser modificado. O homem velho e o modo como age são conhecidos, de tal maneira que se torna fácil identificar quanto o homem moderno tem lançado mão de fantasias, autoiludindo-se; de máscaras, camuflando sua situação de mendicância espiritual; de subterfúgios, manias e atalhos para adiar indefinidamente sua vitória pessoal e sua satisfação íntima.

Que adianta ficar indefinidamente procurando culpados? É preciso enfrentar-se e despir-se das indumentárias que encobrem as atitudes nocivas, a fim de se ver tal qual se é. Por que perder tempo precioso, anos da vida, procurando transferir a responsabilidade pelo fracasso aos outros, seja este outro da esfera física ou do Invisível? Pois ao fim de um período, em geral muito longo, chega-se à conclusão de que a fonte primordial de tal frustração é o próprio ser, sujeito de atitudes e emoções, bem como de uma visão e uma maneira de se conduzir mal planejadas, sem qualquer organização, sem metas estabelecidas. Como regra, essas pessoas passam pela vida numa atitude reativa recorrente. Reagem ao mundo, reagem aos outros; respondem aos apelos da vida e às oportunidades sem adotar nenhuma postura proativa, sem assumir o papel que lhes cabe como condutores da própria vida, de modo inteligente, a fim de tomarem posse da vitória que lhes está reservada.

Vencer os entraves do progresso ou tomar posse da vitória em qualquer âmbito da vida é resultado de um enfrentamento íntimo, diário, no qual a criatura tem a ousadia de estipular um ideal, elaborar um plano e agir com planejamento e disciplina, evitando perder-se nos caminhos alternativos ao projeto pessoal de vida.

Convém pensar, a fim de não desanimar frente aos obstáculos ou desafios dessa jornada interior, que, se em tua vida não há altos e baixos, talvez não estejas vivo ou vivendo. Isso significa que, mesmo planejando, investindo o melhor que possas ou organizando-te em face do objetivo de acertar, sempre haverá imprevistos, e nunca poderás antever todos os lances do caminho. Ainda que mapeies a jornada a empreender em busca de tua vitória ou felicidade, estejas certo de que haverá curvas, esquinas e buracos, e nem sempre estará ao teu alcance eliminá-los, embora muitas vezes possas evitá-los. Teus passos podem ser programados, mas nunca te esqueças de que estarás atrelado inexoravelmente às tuas ações pretéritas e eventuais atitudes mal concebidas ou mal orientadas.

Ciente desses fatos, poderás evitar o boicote e a autossabotagem, sabendo, no entanto, que não há como suspender o enfrentamento daquilo que fizeste no passado, desde os mais simples gestos do cotidiano até aqueles que a bondade divina deixou relegados ao esquecimento, até o momento em que tiveres maturidade suficiente para enfrentá-los. Falar em furtar-se às atitudes de sabotagem interna e construir um novo caminho para a felicidade não implica ser infantil a ponto de ignorar os erros cometidos no caminho, mas, sim, reprogramar-se para a vitória e a superação, sem culpas nem culpados.

4
Memória celular

"Lembra-te, pois, de onde caíste, e arrepende-te,
e pratica as primeiras obras; quando não, brevemente a ti virei,
e tirarei do seu lugar o teu castiçal, se não te arrependeres."
Apocalipse 2:5

O CORPO É UM ORGANISMO INTELIGENTE. O cérebro é o condutor ou painel de controle desse universo onde o espírito é senhor absoluto. Quando falamos que ele é o senhor do cosmo orgânico, isso não significa que não esteja sujeito às leis universais que regem esse mundo no qual habita temporariamente e que dirige com seus impulsos, pensamentos e atitudes.

Se o corpo é um mundo, convém lembrar que é habitado ou constituído por milhões de entidades vivas, de seres em evolução, os quais vivem sob regras definidas, orientados pelo pensamento diretor da alma, assim como o universo infinito é orientado pela presença, imanência e transcendência da mente divina.

Células, vírus, bactérias, germes e todos os tipos de seres microscópicos que vivem e sobrevivem no corpo físico assim o fazem diretamente submissos ao pensamento diretor do espírito que os rege. Para essa comunidade de seres, o pensamento, a vontade e as emoções são a trindade universal que manda, orienta e dirige o cosmo orgânico. Células e átomos formam os filamentos através dos quais as ordens emitidas pela força dos hábitos e das emoções são transmitidas ao restante do mundo orgânico. A memória de cada ação ou pensamento e de todo tipo de atitude fica impressa em cada célula, em cada átomo durante o período da vida física. Tais entidades habitantes do organismo humano assumem determinado papel, função ou característica conforme o direcionamento que recebem da tríade do universo orgânico: os pensamentos, as emoções e a vontade do ser, do espírito que as dirige.

Ao pensar dessa forma, compreende-se o porquê de muitos desafios, de vários problemas de saúde física, emocional, mental ou psicológica que o ser enfrenta ao longo de sua experiência no mundo visível.

Os conteúdos mentais e emocionais são derramados sobre o mundo orgânico com tal impetuosidade, que definem o tipo e a qualidade de vida que o ser enfrentará em sua jornada. As emoções descontroladas ou em desajuste, adoecidas, causam, além de transtornos psíquicos e psicológicos, desordens no mundo celular e nos órgãos, verdadeiras comunidades que regem as células, nas quais se reflete o conteúdo desorganizado que recebem diretamente da fonte primordial, o espírito, por meio do cérebro.

A desordem emocional e mental afeta o sistema nervoso, os pulmões e a musculatura. Muitas vezes, órgãos vitais como coração, fígado e rins, bem como o sistema respiratório e o circulatório refletem com extrema precisão os desajustes ou a oscilação de natureza emocional vividos pelo indivíduo. Os pensamentos de inveja, ciúme e baixa autoestima, assim como os sentimentos de inferioridade e egoísmo, por exemplo, penetram com tal animosidade e ímpeto no espaço intramolecular e no interior das células que afetam diversos departamentos da vida orgânica. O sistema nervoso, especialmente o parassimpático, a tal ponto se ressente que, incapaz de suportar o peso do conteúdo derramado sobre si, dilui as energias nocivas advindas da alma em diversas comunidades do universo orgânico, ou seja, nos órgãos, que operam à semelhança de planetas a orbitar em torno da mente que os dirige e da qual se alimentam.

Quando a fonte dos pensamentos e da vontade se desestrutura, o sistema nervoso imediatamente canaliza a ordem mental de desequilíbrio para os órgãos mais frágeis, e toda a comunidade celular passa a sofrer com as posturas de seu líder, de seu deus orgânico. O pensamento, a vontade e as emoções em desalinho envenenam as células, de modo que a defesa do organismo rui, como um muro que cai, deixando desprotegido todo o sistema que deveria equilibrar. Raiva, ódio, desconfiança, descontentamento, falta de compreensão e aceitação dos limites próprios e alheios transformam-se em depósitos de detritos, os quais baixam a resistência orgânica e afetam a coluna vertebral, o sono, o estômago, além de constituírem veneno para o sangue e as células nervosas.

Como se vê, o corpo guarda a memória exata daquilo que é pensado, sentido e produzido pelo espírito. Cada célula do aparelho físico apenas reflete, de maneira exata, a ordem mental ou emocional que o ser emite, com um grau de precisão tão alto que nada no mundo se compara à fidelidade do corpo à ordem do espírito.

Evidentemente, isso nos leva a concluir a importância vital que se deve atribuir ao tipo de emoção, sentimento ou pensamento que é albergado ou alimentado no mais potente computador biológico construído pelas forças evolutivas.

Reiteramos, uma vez mais, a necessidade de conscientização tanto quanto de uma verdadeira revolução na forma de pensar, agir e se programar para viver a vida e relacionar-se com o próximo. Imaginar que as coisas serão diferentes ou ficar com raiva porque não são do jeito e da forma como desejamos é direito de qualquer um; contudo, é um esforço mental e emocional infrutífero, pois jamais conseguiremos ir contra as leis universais, que dirigem e regem o comportamento humano em qualquer parte do universo.

Portanto, o mais inteligente para o ser é rever posturas, pensamentos e sentimentos e empreender uma reorganização geral, a fim de alcançar maior qualidade de vida. Sobretudo, é inteligente conscientizar-se de que o organismo sempre refletirá exatamente o conteúdo mental e emocional que recebe do instrutor e diretor maior, que é o espírito. A harmonia de pensamentos e emoções é fator relevante para a manutenção da saúde, de forma integral. O cultivo das virtudes, o desenvolvimento das forças do espírito, a vontade direcionada pelo bom senso, ou mesmo pela inteligência, influenciam muito mais do que se supõe no equilíbrio integral a que costumeiramente chamamos saúde.

A memória de tudo o que o ser realiza e é encontra-se arquivada tanto nos escaninhos da alma quanto na intimidade das células. Em algum momento, esses arquivos podem ser abertos ou rompidos, e o mundo orgânico dará vazão, de alguma maneira, ao conteúdo que imprimimos na memória microscópica do mundo das formas. Eis por que a reeducação do ser, das fontes do pensamento e das emoções é o foco principal de uma ação imediata para a conquista da felicidade e da satisfação, da vitória que está programada para tua vida.

5
Simplificar mais

*"De que vale ganhar o mundo inteiro,
e perder a sua alma?"*
Mateus 16:26

A SIMPLICIDADE CATIVA, encanta e dá mais charme à vida. Já dizia Leonardo da Vinci que a maior sofisticação é a simplicidade. Se tudo na vida, todas as situações podem transmitir uma mensagem, é na simplicidade que se aprende com maior encanto e se descobrem valores perenes. Mas simplicidade é diferente de mediocridade; simplicidade é o oposto de complexidade.

É nas situações mais comuns que encontramos motivos para sorrir. Naturalmente, há exceções, de acordo com o perfil do indivíduo. De todo modo, costumam esconder-se nas coisas simples as maiores lições para quem busca o caminho de descomplicar ou, podemos dizer, a rota da espiritualidade. São inúmeros os

exemplos: o sorriso de uma criança, o carinho inespe-
rado, a lágrima de um idoso cheio de saudade dos tempos idos ou a face cheia de rugas e a visão quase sábia
de alguém que já viveu muitas primaveras; um animal
de estimação que pressente a aproximação do dono e o
supre de carinho, exigindo apenas o alimento e pouco
mais em troca; o silêncio da natureza, o canto dos pássaros ou mesmo o barulho do vento e das árvores.

Contudo, há de se ter sensibilidade para apreciar a
simplicidade. Sem desenvolver a sensibilidade, torna-
-se impossível saborear as coisas simples da vida.

No cotidiano da vida moderna, ao analisarmos o
valor de tudo quanto há, percebemos que as coisas de
maior valor não são coisas. Que faz alguém sorrir de
genuína felicidade? Pensemos nisso e vejamos se não
é um abraço sentido e apertado da pessoa que se ama,
um gesto carinhoso que se recebe ou percebe do amigo
ou da pessoa que nos é preciosa e assumiu grande importância em nossas vidas. Quem sabe, uma simples
palavra de incentivo de alguém que se interessa por
nós ou, ainda, uma genuína demonstração de amor,
de amizade, de cuidado; talvez, apenas, as mil e uma

situações do dia a dia que compartilhamos com quem amamos. Certamente, coisas simples encantam; a simplicidade de um gesto nos cativa, torna a vida muito mais feliz e as experiências, muito mais satisfatórias.

Com atitudes simples despertamos no outro o desejo de lutar; com expressões de simplicidade incentivamos o outro a viver com qualidade e optar pelo caminho menos tortuoso. Existe um sem-número de situações que pode representar o simples, dando maior cor, sabor e qualidade à vida. O simples está ao alcance de todos; nem sempre o complexo também está.

O contrário da simplicidade pode complicar a vida de muita gente e, principalmente, da pessoa que optou por viver de maneira destoante de sua realidade. Nesse caso, classifica-se a complexidade como esforço de alguém para viver de modo diferente dos padrões próprios ou vigentes no meio onde habitualmente transita. Impor modos de vida, formas e jeitos de viver à comunidade ou ao grupo com que se relaciona que diferem substancialmente do padrão, do hábito ou da cultura em que estão imersos traduz-se, sem dúvida, como complicar. Mais inteligente é respeitar a capacidade do outro de viver suas experiências no momento certo, sabendo que cada um caminha por estradas próprias, encontrando situações necessárias a seu aprendizado, ou que, talvez, as pessoas nem sequer despertaram para aquilo que apreciamos.

Simplificar não quer dizer abrir mão da qualidade de vida, tampouco das belezas da vida. Significa, antes, aprender a ver, nas coisas mais comuns do cotidiano, motivos e substância capazes de trazer uma lição, uma mensagem; significa ter condições de apreciar a beleza, a delicadeza e a forma que a vida escolheu para sensibilizar o coração das criaturas. Sentir-se sensibilizado com as coisas simples é perceber o sentido da vida. E encontramos a simplicidade em diversos departamentos do viver. O abraço, por exemplo, pode ser dado e recebido tanto numa favela quanto numa mansão, num ambiente sofisticado. Podemos ter e apreciar a simplicidade na sofisticação, ou o contrário: a sofisticação nas coisas mais simples.

Então, que tal aprender a descomplicar as coisas, as relações e a vida? Muitas dificuldades se resolveriam caso tomássemos a decisão de descomplicar, inclusive aceitando singelamente que nem sempre, e talvez em grande parte das situações, nossa opinião pode não ser a mais correta.

Ao planejarmos qualquer empreendimento em nossa vida, lembremos que, simplificando os passos, torna-se mais fácil atingir a meta. Seja ela no âmbito profissional, pessoal ou familiar e emocional. Todo planejamento que é complexo torna-se quase inviável e tende a causar fadiga, desgaste emocional ou desistência ao longo da caminhada. Comportamentos complexos, gostos e desejos, argumentos e opiniões que não simplificam afastam as pessoas do convívio; mesmo para quem sobreviveu à nossa forma de complicar, torna-se difícil ser mais honesto, transparente ou nos aceitar e compreender com relativa tranquilidade.

Geralmente, quando somos complicados, quando complicamos as coisas, por meio de intricados argumentos e ações, transformamos uma situação corriqueira e cotidiana em algo complexo. Quando cobramos, não damos ao outro chance de contra-argumentar; nem sequer ouvimos a ponderação do próximo. Quando somos realmente pessoas complicadas, notamos isso pelo afastamento dos outros ou, então, pelo silêncio daqueles que ainda continuam a nosso lado, apesar de nossos argumentos, pois se cansam bem mais do que imaginamos. Reagem à nossa maneira de nos expressar e comportar e, desgastadas, preferem calar-se, como uma atitude de autopreservação ou sobrevivência emocional. Costumamos julgar-lhes como arrogantes quando, na verdade, mais determinadas que as demais, não aceitam o que impomos ou nossos argumentos. Assim, complicamos as relações.

Se porventura nos enfrenta e não nos aceita a maneira complicada e complexa de expormos nossa verdade, afastamos a pessoa, deixando-a de lado ou lançando-a ao descrédito. O outro é taxado de intragável, embora jamais admitamos que se deva ao fato de que nos enfrentou e não aceitou nosso jeito de ser, agir e nossa maneira de argumentar, muitas vezes desrespeitosa, grosseira — verdade que dificilmente aceitamos —, enfrentando-nos com veemência.

Complicamos as relações por falta de uma visão mais simples das coisas e dos relacionamentos. Perdemos oportunidades imensas e muitas vezes afastamos de nosso convívio e de nossa presença aqueles que a vida e o universo conduziram até nós para que fossem nosso apoio, nosso arrimo e, nos momentos difíceis, nossa tábua de salvação. Uma vez que rejeitamos os apelos feitos, os argumentos apresentados ou as soluções mais simples, afundamos nos problemas. Reclamamos das dificuldades, dos desafios e da falta de recursos para enfrentá-los ou solucioná-los. Enfim, escolhemos o caminho da complexidade e da complicação, ao invés de ver e aceitar as soluções mais simples, modificando-nos internamente para sermos capazes de apreciar não somente o mais sofisticado, na concepção popular, mas também o mais simples, na concepção da vida.

Quando falamos em simplicidade, devemos ir além das aparências, do que é externo. Aliás, convém notar que as coisas aparentes, tais como a moradia, as roupas e o carro luxuoso ou popular, e todas as posses, estão longe de definir a simplicidade de qualquer um. Simplicidade é algo interno, muito mais ligado ao pensamento, ao comportamento e à atitude perante a vida. Muita coisa, muitos comportamentos, polidez e educação exageradas, advogadas como essenciais para viver com qualidade, podem significar, em alguns casos, perda de tempo diante da vida, de acordo com as necessidades de tanta gente. Exigir educação esmerada, sofisticação no falar, na conduta ou na forma de toda a gente agir é inútil, até mesmo irracional. Dependendo da condição social, das necessidades mais urgentes da vida da pessoa ou comunidade, da educação que a mesma gente recebeu, e dos meios que tem à disposição para viver e sobreviver, vê-se que tal expectativa é impossível de se concretizar. Do mesmo modo, é inútil exigir simplicidade de quem já complicou por demais a vida e a forma de viver. Nem sempre uma e outra situação têm jeito numa mesma existência.

Seja como for, temos de ter cuidado para que, a pretexto de sermos mais elegantes, seletivos, sofisticados e curtirmos as coisas boas da vida da melhor maneira possível, não estraguemos os projetos de Deus para nossas vidas, tampouco os projetos que ele nos entregou para administrar. Nossa complicação pode até afastar recursos, oportunidades e pessoas que foram e são encaminhados para auxiliar, levar avante ou ser ponto de referência para o trabalho que nos foi confiado. Muitas vezes, damos valor demais, importância excessiva àquilo que não tem nenhum valor.

Nunca esqueçamos que todos, absolutamente todos, terminam igualados, nivelados na horizontal, no encontro com a morte, a qual levará todos à realidade absoluta do universo. E uma dessas verdades é a simplicidade das coisas criadas por Deus.

6
Há tempo para tudo

"Tudo tem o seu tempo determinado,
e há tempo para todo o propósito debaixo do céu."
Eclesiastes 3:1

MUITOS RECLAMAM DE FALTA de tempo para realizar as mais simples coisas da vida e as mais comuns tarefas do cotidiano. O tempo, na realidade, flui de acordo com nossa programação mental e o conjunto de nossas emoções, que o administram como a uma empresa. Há diversos tempos dentro do mesmo mundo e diversos mundos que interagem numa mesma dimensão. É de se pensar se a exiguidade do tempo é uma realidade absoluta, conforme advogada por alguns, ou se denota apenas falta de planejamento da parte envolvida. Também é de se questionar se a vida está transcorrendo como o leito caudaloso de um rio sem represas, sem administração inteligente, ou se existe algum tipo de planejamento, projeto ou modelo que paute a realização das diversas tarefas do cotidiano.

Muitas vezes, o indivíduo deixa-se levar pelos acontecimentos, pelo trabalho e pelas lutas do dia a dia, sem intentar fazer um esboço das tarefas e compromissos que lhe competem. Com esse comportamento, acaba por influenciar vida das demais pessoas a seu lado. Ainda por cima, muitas vezes acalenta a ideia errônea de que está tudo bem e que o mundo deve se adequar a seu ritmo, o que lhe causa insatisfação.

Em meio ao emaranhado de atrasos, insatisfações e argumentos para disfarçar sua falta de tempo, faz com que a infelicidade, a incompreensão consigo mesmo e com aqueles que o rodeiam estabeleçam um clima íntimo de luta ou de guerra com o mundo, o relógio e os compromissos. Some-se a isso a falta de bom senso para admitir-se desorganizado ou indisciplinado e tem-se o caos, que se reflete nos negócios e na vida pessoal, influenciando, de forma negativa, os resultados desejados nos empreendimentos em diversas áreas da vida.

Reclama-se do tempo, reclama-se do sistema, do

mundo, da vida e de tudo que é possível reclamar, na tentativa de disfarçar ou tirar o foco da real necessidade — reprogramar-se, reeducando-se.

Em diversos setores da vida, incluindo-se a vida espiritual, normalmente as pessoas mais ocupadas são aquelas sobre as quais repousa o maior número de expectativas e que, também, produzem os resultados mais palpáveis. Aquelas que têm mais tempo à disposição são as que menos tempo têm para se dedicar a algum tipo de realização ou tarefa importante. Estranho? Pode ser e parecer, mas há uma mensagem que se pode extrair de uma situação como essa. É que o tempo de cada um é a própria pessoa quem o faz e o administra. Geralmente, reclama-se da falta de tempo para descansar, para o lazer; de que é preciso fazer tudo o que é necessário no trabalho e, ainda, conciliar a vida social, cheia de inúmeros compromissos e exigências. A grande pergunta é: quem está administrando tua vida? Ou será que te deixas levar sem planejamento algum, pelos torvelinhos das ondas desenfreadas?

Reorganizar-te é tomar posse do controle de tua existência. Por mais que o relógio te pareça algo ameaçador e contrário aos teus planos, seria muito interessante fazer as pazes com ele, pois, em vez de te perseguir nos momentos que julgas apropriados para usufruir de teus prazeres, ele poderia ser uma preciosa ferramenta para obteres maiores resultados e melhorar teu desempenho e tua satisfação. Administrar o tempo é criar teu próprio mundo dentro do mundo; é programar-te para estar satisfeito com tuas realizações e aproximar-te ao máximo de resultados satisfatórios, embora considerando os fatores que independem de ti.

Cada um tem o tempo que faz para si. Dizer que o tempo é curto, é insuficiente ou escasso é o mesmo que admitir tua impotência para administrar a vida.

Um fator que merece ser levado em conta ao tomar a decisão de organizar teu tempo é o fato de que nem tudo precisa ser feito por ti, pessoalmente. No entanto, ao dividir a tarefa com outras pessoas, precisa ser compreendido o fato de que o outro tem lá suas limitações e características próprias. Isso posto, é inteligente pensares que, uma vez que delegas algo a alguém, é de se esperar que não saia da forma como tu farias. Considera que não existe o ideal, o mais perfeito, o certinho; existe o que de melhor o outro pode fazer, dentro das limitações dele, muitas vezes desconhecidas por ti. Mas se procuras descentralizar para produzir mais e ter mais tempo à disposição, uma coisa é certa: terás de ensinar o outro a fazer e saber esperar, aceitando o gênero de desafio que o próprio Deus enfrenta na administração do universo. Há sempre o que aperfeiçoar, o que mudar, o que melhorar. Quando alguém resolve fazer tudo sozinho, quer o melhor, que nem ele próprio dá conta de produzir, então o tempo mais amplo do mundo torna-se escasso, e o maior tempo disponível ainda seria pouco para fazer tudo.

Outra verdade também precisa ser levada em conta. É que aqueles que pensam, organizam, projetam ou administram, de modo geral, não são aqueles que executam ou fazem o trabalho, por assim dizer, operacional. Uns pensam, idealizam e elaboram os projetos; outros constroem, segundo essas diretrizes; ao passo que outros, ainda, dão o acabamento.

Tudo isso precisa ser avaliado na hora de reorganizar teu tempo para que as coisas possam ser mais produtivas. No mundo atual existe um termo que se aproxima da ideia que apresentamos: *terceirizar*. Com efeito, muitas coisas em nossas vidas precisam ser descentralizadas e terceirizadas, senão corre-se o risco de não darmos conta das mínimas questões cotidianas. Nesse contexto, terceirizar ou distribuir responsabilidades não é abrir mão da autoria ou da condução, mas otimizar teu tempo, aprender a selecionar aquilo que realmente precisa ser feito por ti e, sobretudo, encontrar tempo para ti.

O tempo pode ser ampliado e dirigido de maneira inteligente, mas de acordo com um planejamento detalhado e uma disciplina mínima, para o indivíduo não se perder em meio ao impulso de tudo fazer, tudo abraçar, e ao vício mental de trabalhar compulsivamente, sem se permitir, mesmo procurando o tempo livre, ter tempo para si.

7
Sensibilidade e sinceridade

"E conhecereis a verdade,
e a verdade vos libertará."
João 8:32

Muitas vezes, as pessoas se acham no direito de dizer o que pensam, indiscriminadamente, e advogam para si a qualidade bastante questionável de serem sinceras e verdadeiras. Muita sinceridade não passa de grosseria quando se derramam pretendidas verdades sobre o outro, desprezando sua capacidade de digerir aquilo que, ainda por cima, pode ser uma verdade somente para quem a defende.

Há verdades e verdades, e existem, também, diversas faces da mesma verdade. Pode-se ser transparente com o próximo em qualquer relacionamento, sem precisar destruir-lhe a vida com uma verdade que ele ainda não está preparado para conhecer.

Desenvolver a sensibilidade nos relacionamentos humanos é essencial para se obter o mínimo de qualidade e construir uma relação saudável entre as criaturas. Sensibilidade para perceber o momento do outro, sensibilidade para saber a hora de falar, como falar e como atingir o objetivo com aquilo que se diz, sem ser grosseiro, mentiroso ou manipulador. É preciso sensibilidade para se mover em meio aos problemas do cotidiano, aos percalços das relações humanas com o mínimo de desgaste possível.

Algumas vezes temos razão em nossos posicionamentos; outras vezes, acreditamos que nos expressamos de maneira conveniente para o outro e, inúmeras vezes, temos a convicção de que falamos de modo suficientemente claro a fim de que nossa versão da verdade seja administrada, enfrentada ou admitida pelo outro. Mas será que nós mesmos estamos preparados para ouvir e enfrentar toda a verdade sobre nós? Estamos preparados para ouvir o que o outro pensa a respeito de nosso comportamento ou de como pintamos nossa imagem?

Nem sempre uma verdade pode ser dita em sua totalidade. Parafraseando um pensamento no livro de Provérbios, podemos dizer que a verdade é como a luz da aurora, que vai clareando pouco a pouco, até ser dia perfeito.[4]

Consideremos que existem pessoas emocional e psicologicamente despreparadas para saber sequer um pouco mais sobre si próprias. Fato é que não conseguirão assimilar a verdade do que os outros pensam acerca de seus comportamentos e hábitos. Mesmo sobre questões simples de saúde, não conseguem administrar toda a verdade, sendo necessário prepará-las para isso. Levando-se em conta tal realidade, podemos observar que enunciar a verdade da forma como muitas vezes se faz nem sempre é o caminho mais indicado, mais sábio.

Há formas e formas diferentes de dizer a mesma coisa, por mais difícil e complicada que seja a coisa em si, ou seja, a mensagem que se deseja transmitir. Além

---

[4] Cf. "Mas a vereda dos justos é como a luz da aurora, que vai brilhando mais e mais até ser dia perfeito" (Pv 4:18).

disso, há momento para tudo. Muitas vezes o momento apropriado demora anos para se apresentar. E a verdade, então — como a aurora —, deve se revelar lenta e cautelosamente, pois o atropelo na forma e a ocasião inapropriada poderão causar estrago maior do que a pessoa manter-se toda a vida na ignorância.

A propósito, não há como deixar de constatar que ignorar certos fatos, para muita gente, pode significar a salvação, o remédio para diversos males. Imaginemos, por exemplo, a esposa que foi traída pelo marido, o qual, agora, encontra-se arrependido. Revelar a ela a verdade, após o arrependimento, tem grande chance de provocar o fim do relacionamento, o fim de uma vida construída em conjunto e a ruína da família, se porventura ela não estiver aberta ao diálogo e ao perdão. Outro exemplo ocorre quando o indivíduo é informado, em primeira mão, acerca do diagnóstico de determinada enfermidade. Saber o que os acomete pode, para alguns, equivaler ao fim da existência, e abrir caminho à derrocada emocional e até ao suicídio, caso não estejam preparados ou não disponham de apoio emocional e psicológico. É evidente, isso depende da maturidade e do preparo emocional e psíquico de cada criatura. Seja como for, situações como essas podem ocorrer e de fato ocorrem, diariamente.

Portanto, é muito importante para as relações interpessoais desenvolver a sensibilidade, em vez de pretender apenas, a pretexto de ser sincero, dizer a verdade, a qual nem sempre o próximo está preparado para enfrentar, ao menos naquele momento. Aos poucos, é possível preparar a pessoa para saber aquilo de que precisa, isto é, conhecer a parcela disso que se diz ser a verdade. Assim, ela poderá administrar essa parcela sem danos maiores e sem adotar um comportamento mais destrutivo, o que não ocorreria se a íntegra dos fatos lhe fosse revelada abruptamente.

Desenvolver sensibilidade para detectar o momento ideal e a forma mais inteligente de se comunicar com o outro representa um grande passo na obtenção de um relacionamento maduro e de mais qualidade.

No mundo todo, milhares de criaturas tiveram e têm suas vidas interrompidas por autoextermínio simplesmente porque não foram preparadas nem mesmo espiritualmente para ouvir certas verdades, que, para elas, soaram destrutivas. Multiplicam-se pessoas que se jogaram ao calabouço da depressão e assassinaram sua criatividade e sua vida social e emocional devido ao fato de que alguém, que dizia amá-las muito, derramou sobre elas supostas verdades, que as destruíram psicologicamente, tudo no afã de ser sincero. Não estavam preparadas intimamente para assimilar o que ouviram, ao menos da forma como lhes foi exposto.

Quando se considera a realidade no âmbito pessoal, o fato de se pretender dizer a verdade — a qual, muitas vezes, nem sequer é a verdade, mas somente a interpretação que damos à parte conhecida —, como se isso fosse sinônimo de sinceridade, pode destruir toda uma vida ou uma relação, todo o planejamento, a criatividade ou mesmo o caminho espiritual, caso a pessoa não esteja atenta à forma de falar e ao momento apropriado. Demasiada sinceridade é apenas disfarce para a culpa daquele que diz ser sincero. E essa franqueza a toda prova pode ser a ferramenta de destruição da esperança, do amor e das melhores realizações, conforme já dissemos.

Quando se é sincero, é preciso sobretudo saber

dosar essa sinceridade. E também reconhecer que, ao se lançar mão da sinceridade, existe o risco de matar emocionalmente o outro, seus desejos e impulsos de melhorar e progredir na vida. Ninguém, nenhum ser vivo, em qualquer dimensão da vida, está preparado para saber tudo de uma só vez, e de qualquer maneira. A pretexto de sermos sinceros, tenhamos o cuidado para não sermos arrogantes, grosseiros e imaturos, menosprezando aquele a quem se dirigem nossas observações, críticas ou sugestões.

Caso haja desigualdade de opiniões ou até uma contenda, que tal experimentar a diplomacia? Muitas vezes, ser diplomata difere radicalmente de ser político, no sentido de esconder a verdade para agradar a todos. Na diplomacia, mais importante que "jogar na cara" do outro as verdades que ele não suportaria ouvir, fato que pode causar um trauma até para ti, é o resultado que se pretende alcançar. Poderás colocar em estado de espera tuas verdades e tuas emoções em ebulição, até que ambos os lados estejam tranquilos para receber e enviar a mensagem do diálogo, em vez de explodirem emocionalmente. Estabelece para ti um período ideal que deverás aguardar para falar uma parcela do que tens engolido. Escolhe o momento apropriado, sem procrastinar. Organiza tuas emoções e vê qual a medida do que tens a dizer que o outro poderá suportar, sem que o destruas nem o faças implodir. É melhor ganhares um amigo, mesmo em tempos de peleja e guerra, do que teres de enfrentar um inimigo pelo resto de tua vida. Ganhar um parceiro é muito melhor do que um opositor.

Em qualquer situação, é questão de inteligência pensar que nem sempre a intenção de dizer a verdade significa sinceridade. Não raro, será simples grosseria ou falta de cortesia, ao desconsiderar a realidade do próximo; poderá, ainda, ser egoísmo disfarçado de transparência ou, quem sabe, denotar a ausência de um elemento singelo, apregoado e cantado há séculos pela boca de poetas e religiosos: poderá ser simples falta de amor de nossa parte. Amar o próximo é muito mais do que temos aprendido nos catecismos e aulas de religião; amar é comportar-se com o outro da mesma forma como gostaríamos que ele se comportasse conosco, caso estivéssemos na posição oposta. Esse é o amor que poderia e deveria pautar nossa relação, inclusive de amizade, sinceridade e transparência. A regra é simples: em qualquer situação, tão somente amar.

8
Por que aceitar tudo?

"Vaidade de vaidades,
diz o pregador, tudo é vaidade."
Eclesiastes 12:8

POR QUE E PARA QUE PRECISAS aceitar tudo, admitir tudo ou deixar que o ponto de vista do outro prevaleça sempre? Qual finalidade te leva a concordar com o outro e invariavelmente dizer *sim*? A fim de ser político e conservar uma paz apenas aparente? Os conceitos e a visão da vida marcados por uma educação judaico-cristã, durante mais de 2 mil anos, forjaram a mentalidade de diversas sociedades, mas, mais precisamente, das pessoas que se dizem ou têm um comportamento religioso. Essa marca de religiosidade traduz-se por atitudes típicas, como as tentativas de ser bonzinho o tempo todo, de falar e comportar-se de maneira a não causar contenda e controvérsia.

A fim de fugir do confronto, tu permites que prevaleça a ideia alheia e aceitas tudo o que é dito, pois é preciso evitar atritos, embora muitas vezes a aceitação seja somente uma atitude aparente. Como te magoarias caso resolvesse mudar a conduta, acabas por continuar a fazer a mesma coisa que antes, o que acreditas ser certo, negando tal fato para seu oponente no campo das ideias, criando assim uma situação em tudo insustentável. Pergunto: que é melhor? Ser político, tentando agradar a todos e aceitando tudo que é dito, ou lançar mão da diplomacia, discutindo, conversando e apresentando seu ponto de vista?

Frequentemente, há quem afirme, diante de um impasse em que pretende ser o lado que tem razão: "Não adianta tentar dialogar; a pessoa não conversa, está fechada para a vida e o diálogo". Peço-te que me permitas ponderar.

Talvez algumas coisas estejam ocorrendo no campo mais profundo do pensamento e do psiquismo. Será que o outro não quer dialogar ou tu não tens argumentos inteligentes? Quem sabe não consegues compreender o lado do outro, o seu ponto de vista, e então apresentar o teu, defendendo aquilo em que acreditas?

Aceitar tudo nunca foi o melhor caminho. Evitar discussões, polêmicas ou uma conversa acalorada não significa estabelecer a paz. Que paz é essa, apenas na aparência, quando a pessoa ou os envolvidos na situação continuam num embate mental e numa situação emocional de intensa guerra? A paz é conquistada através de lutas. Inclusive, e principalmente, no campo das ideias.

Aceitar maquinalmente ideias, sugestões e atitudes dos demais é puro conformismo e nunca significou atitude pacífica da parte de quem age assim. Isso, que alguns chamam de paz ou pacificação, na verdade é apenas de covardia, disfarce dos fracos.

Em nome da paz e da boa convivência, é melhor brigar pelas ideias, defendê-las acaloradamente, lutar pelo que se acredita ser o certo e defender com veemência o ponto de vista correto. Sem dúvida, é muito melhor do que admitir o outro lado da questão, acatá-lo, mas continuar do mesmo jeito, agindo como antes e deixando o mal se multiplicar, a pretexto de ser político.

O indivíduo político corre o risco de perder a identidade e não ter mais personalidade, pois abdica do que é certo em nome de concessões aqui e ali, conluios que apenas encobrem a fraqueza interna. Ser político, nesse sentido, é tentar agradar a todos e, para tanto, empregar palavras decoradas, adotar atitudes que os outros já esperam de nós, adequando o vocabulário de maneira a agradar àqueles que nos interessam. Quem age sistematicamente desse modo, lançando mão de um discurso político, normalmente tem objetivos internos que prefere não expor, talvez por cálculo ou falta de coragem. Na tentativa de obter a resposta adequada às suas expectativas, usa de um vocabulário apropriado ao interlocutor e emite posições programadas, artificiais, falando aquilo que o outro deseja ouvir. No fundo, porém, conserva-se insatisfeito, pois sabe que não crê naquilo que fala e que seu ponto de vista é oposto às palavras que saíram de sua boca.

Por que ser assim? Em nome de qual filosofia de vida o ser se anula a ponto de fazer teatro com suas palavras e atitudes?

Discordar de alguém ou de algo não implica se tornar ou declarar-se inimigo do outro ou daquela ideia.

Discordar é apenas discordar. Num mundo plural, temos de admitir que, além de existirem pessoas diferentes e uma imensidade de modos e sistemas de vida, também existem formas diferentes de ver a mesma situação ou aquilo que se diz ser a verdade. Mascarar o ponto de vista ou a opinião a respeito de qualquer situação não levará ninguém a solucionar problema nenhum. Aliás, o quadro só se complica quando ocorre uma mentira disfarçada de atitude pacífica — mentira admitida para mascarar a fraqueza dos argumentos ou da visão de mundo e daquilo que se julga defender.

O condicionamento religioso judaico-cristão formatou de tal maneira a mentalidade de toda uma civilização que, lamentavelmente, essa e outras atitudes julgadas equivocadamente acertadas acabam criando situações desnecessárias, que não apenas perpetuam o mal, mas o tornam maior do que se tivesse ocorrido o debate e o diálogo.

Em decorrência de uma religiosidade castradora ou de uma educação limitadora e punitiva, é comum observar o silêncio enganador diante de questões que merecem ser faladas, discutidas e expostas, principalmente da parte de religiosos ou daqueles que tiveram uma educação pautada por uma forte tendência místico-cristã. Saber fazer silêncio na hora certa é, em inúmeras ocasiões, a salvação perante o agravamento de determinados conflitos. Mas isso é bem diferente de silenciar significando aceitação de tudo, na pretensão de manter uma paz enganadora, o que consiste numa atitude lamentável. Muitas vezes, é essencial que o cristão se posicione, defenda seu ponto de vista, encare o desafio de se expor.

Além do mais, calar pode significar, não somente para ti, mas para teu interlocutor, que concordas com a ótica dele e, por conseguinte, és conivente com as implicações da atitude ou do pensamento que ele escolheu. O outro só te conhecerá caso o permitas. Uma coisa deve estar bem clara: os seres humanos ainda não aprenderam a ler pensamentos; portanto, expõe o teu, permite que a outra pessoa te conheça os argumentos, muito embora temporariamente seja necessário criar controvérsia.

Polêmicas são necessárias para instigar debates, pensamentos e despertar a alma para reflexões mais profundas e inteligentes. Lança-te ao mundo, permite ao próximo conhecer-te a alma, os pensamentos e o ponto de vista. Afinal, contrariar a opinião de alguém não transforma ninguém em inimigo; ao menos não deveria. Divergir instiga as pessoas inteligentes a considerar uma nova ótica sobre determinado assunto, situação ou realidade. Com efeito, somente quem se atreveu e teve coragem de se expor ao mundo foi capaz de promover mudanças genuínas.

9
Pecar e pecados

"Se dissermos que não temos pecado,
enganamo-nos a nós mesmos, e não há verdade em nós."
1 João 1:8

COMO ENFRENTAR AS LIMITAÇÕES impostas pela educação religiosa? Como enfrentar as crenças que nos foram ensinadas e que, com o passar do tempo, incorporaram-se em nós como verdades? São crenças castradoras, impeditivas, que produzem consequências daninhas ou desastrosas. Estas são percebidas somente aos poucos e exigem tempo mais ou menos dilatado em terapias variadas, a fim de serem desarraigadas ou revisitadas e modificadas.

É preciso dizer que as crenças às quais me refiro, embora patrocinadas pela religiosidade medieval, não são aquelas que integram o catecismo religioso; refiro--me àquelas que impedem o ser de alcançar a felicidade. Acreditar que não se é merecedor ou que se precisa de méritos para ser feliz; considerar as coisas mais simples da vida como pecado, e considerar o pecado sempre como algo proibido, indesejável, que afasta o ser humano do Pai, o Criador. Crenças assim é que fomentam a baixa autoestima, o sentimento de culpa, a autopunição e outros tipos de comportamentos nocivos, que afastam cada vez mais a pessoa da felicidade.

Quero conversar sobre isso contigo, apresentar uma outra visão, um ponto de vista apenas, mas que talvez sirva para acrescentar algo a tuas reflexões e tua caminhada em busca de satisfação e realização.

O pecado, conceito introduzido na cultura ocidental, herdado de milênios de aculturação religiosa, sempre foi apresentado como coisa nojenta, malvista ou indesejável e oposta ao projeto de santificação e evolução. Essa ideia, modificada aqui e ali com algum requinte, ou às vezes toscamente, foi patrocinadora de perseguições, injustiças, cobranças e atitudes castradoras e punitivas, constituindo-se em obstáculo para que o ser atingisse a plenitude, assumisse seu papel na vida ou mesmo conquistasse a vitória pessoal. Por trás dessa ideia e derivando dela, jaz o sentimento de culpa, enraizado no âmago do ser em decorrência das mais diversas situações. Por exemplo, quando ele não pôde se dedicar a determinado trabalho, que julgava necessário à própria caminhada espiritual, ou quando não pôde ser arrimo de sua família eventualmente necessitada, de modo que correspondesse à expectativa dos pais, entre outras tantas possibilidades.

O conceito de pecado rondou e perseguiu a humanidade e conseguiu, muitíssimas vezes, matar as esperanças, causar infelicidade e povoar as noites mal dormidas de imensa parcela da população, como se fosse um fantasma ameaçador ou um torturador invisível, que espera a oportunidade para massacrar o pecador nem sempre arrependido. Mas o tempo mostrou que, sempre que se dava importância ao pecado e às faltas, as proibições e condenações assumiam um papel mais importante do que a felicidade em si, solapando qualquer possibilidade de realização pessoal e espiritual. Quanto mais patrulhamento moral e comportamental, mais pessoas infelizes existiam, mais a fé era assassinada e, na mesma direção, mais aleijões espirituais e emocionais proliferavam, impedindo as pessoas de contribuírem para uma sociedade mais justa e trabalharem por um mundo melhor.

Santo Agostinho teria dito que o pecado é o excesso do bom. Diante desse pensamento, compete-nos refazer a concepção de pecado, uma vez que defende explicitamente que algo de bom ronda a ideia e que, portanto, nem todo o mal atribuído ao pecado é real. Ou seja, o excesso desta ou daquela coisa, segundo a concepção religiosa, é que constitui o pecado. Embora nosso ponto de vista de que as experiências humanas possam sobreviver sem a ideia de pecado — e, por conseguinte, de punição —, analisemos o pensamento do pai da igreja. Na lista de pecados capitais inscritos pela igreja, e que deram origem a grande parte das crenças castradoras da humanidade terrena, arrolam-se ira, gula, inveja, luxúria, avareza, preguiça e vaidade como as principais rivais das virtudes almejadas.

Ainda sob a perspectiva religiosa, tais excessos ou pecados têm origem nos impulsos naturais do ser; trata-se, pois, de forças internas, brutas, que, devidamente direcionadas, poderiam auxiliar muito no projeto de vida, na evolução e na realização pessoal, principalmente ao serem compreendidas não como forças antagônicas da alma, mas como impulsos para maiores realizações. Analisemos as necessidades levantadas pelo conceito de pecado, o que este realça no ser humano, bem como os apelos que tais pecados suscitam e fortalecem no indivíduo. É impossível não fazer uma associação dos pecados com as emoções humanas, com os sentimentos e a busca por ser feliz. Observe-se, ainda, que a ideia dos pecados ditos capitais, ou de quaisquer outros, põe a descoberto o fato de que necessariamente se aliam a atitudes, conceitos e intenções, tornando deveras complexa a formação de um juízo absoluto sobre atos considerados pecaminosos ou não.

Cada erro cometido pelo ser humano não tem o poder de desencadear, sozinho, a dor e doença, nem tampouco a infelicidade, que o leva para longe de Deus, da paz e daquilo que concebe como paraíso, que nada mais é do que um estado de espírito. Muito embora o rompimento do ponto de equilíbrio de todas as nossas ações, atitudes e emoções possa desencadear um processo muitas vezes daninho, é preciso, com frequência, que o quadro seja levado ao extremo, para que se rompa efetivamente o limite da saúde, da felicidade, da paz e da alegria genuína da alma. Isso porque, na esfera de aprendizado em que se encontra a humanidade, ninguém ainda conseguiu aprender qual seja o ponto de equilíbrio e harmonia interior, de respeito às leis divinas ou da natureza, sem errar muito e sem fazer com que o fio do equilíbrio se rompa alguma vez, enfrentando os desafios daí decorrentes.

Ou seja, o ato de pecar, o excesso, o erro está inserido no comportamento humano, no histórico da caminhada humana, como algo necessário a seu aprendizado, e não como algo indesejável, que deve e precisa ser evitado a qualquer custo. Não! Muitas vezes, errar — ao contrário do que se entende por pecar — pode ser um passo necessário no processo de aprender a respeitar a si próprio e seus limites, concorrendo para a maior compreensão de necessidades, bloqueios e possibilidades pessoais. Talvez por isso alguém tenha asseverado que errar é humano. Nunca uma verdade foi tão bem definida, quando se trata da realidade humana. Errar — ou *pecar*, segundo a terminologia religiosa — faz parte da natureza, ou seja, é inerente ao processo de crescimento no qual todos estamos inseridos.

No aprendizado de ser feliz, é essencial encarar os desejos ou a frustração de não tê-los atendidos; é fundamental ser condescendente com o fato de que as necessidades de cada um são diferentes e jamais poderiam ser iguais. Saciar um desejo, realizá-lo, assim como frustrar-se por não o poder, faz parte do programa educativo do ser humano. Nesse contexto, ter um desejo atendido ou concretizado não é luxo, como pensam alguns; ao contrário, pode ser uma excelente ferramenta para o espírito atingir a compreensão de alguma verdade da vida. Assim sendo, vejamos alguns aspectos dos chamados pecados, o que poderá alargar nossas mentes para percebermos que quando erramos, e mesmo errando, há outras implicações no erro em si, ou no pecado, como queiram os de formação religiosa mais tradicional.

Desde remotas épocas, a ira é considerada algo indesejável e contrário ao conceito de paz e pacificação interior; muitas vezes, vista como detonadora da guerra e da carnificina. Contudo, a energia irradiada pela cólera sempre foi suporte essencial para a preservação dos limites territoriais e o combate ao abuso de pessoas e nações em franco desrespeito ao que não lhe pertencia ou competia. Refiro-me, também, aos limites das defesas imunológicas, da integridade pessoal, física e energética. Sem a energia que irrompe da violência das ondas marítimas e das quedas d'água, por exemplo, como produzir e canalizar a energia elétrica? De modo análogo, sem o vigor precipitado pela ira, como mobilizar a energia necessária para construir, preservar e equilibrar os lados opostos de certas situações?

A paixão, em si, poderá destruir as defesas energéticas da pessoa ou auxiliar a construir algo, dar forma a um ideal, dependendo da maneira como é vista ou como é conduzida essa energia que flui. A agressividade pode ser explorada com o objetivo de realizar algo produtivo, de impedir que o mal se alastre como uma sombra ao redor das pessoas ou, ainda, a fim de impor limite àqueles que são embaixadores da maldade e da destruição. Também se pode canalizar a força da ira nos esportes e competições, caso se opte por outro aspecto útil dessa energia emanada do ser. Nada se perde, e tudo é passível de ser transformado, reutilizado, canalizado ou reciclado, inclusive as energias oriundas daquilo que se diz ser um pecado.

Examinemos a gula, em seguida. Sempre esteve associada à sensação de prazer, de algo que não está sendo satisfeito dentro da medida e da necessidade humana. Por outro lado, a falta de gozo, a negação de que a gula movimenta importante energia para o equilíbrio da vida traduzem a perda do prazer de viver. Também a gula é passível de ser canalizada ou, no mínimo, permite que se possa conhecer melhor as necessidades mais profundas do ser que a experimenta.

Tomemos por base o exemplo mais óbvio: a imagem do guloso, do que se farta à boa mesa. No polo oposto estão as pessoas que não se importam com a comida, para as quais não faz diferença comer uma iguaria requintada ou um prato trivial, um preparado saboroso e bem temperado ou qualquer alimento jogado à panela sem maiores cuidados. Geralmente, estes são os que não encontram prazer na vida, não sentem o prazer de viver e, para eles, viver de qualquer maneira, da maneira facilmente possível ou, mesmo, não viver é algo indiferente. O resultado do excesso de comida e de dar vazão ao apetite desmedido é análogo ao da escassez desses elementos: o desprazer ou a falta de importância que se dá ao prazer regrado, bem utilizado, desde o prazer social até o de natureza sexual, colimando viver a vida em plenitude.

A gula ou a falta do prazer de comer, de alimentar-se da melhor maneira que se possa, em regra demonstra o pouco gozo que se obtém ao apreciar o mundo e as experiências sensoriais que o universo proporciona. Claro que sempre há, ante quaisquer excessos, o caminho do meio. No tocante à gula, é necessário desenvolver a sensibilidade ao apreciar pratos mais refinados ou requintados, ao experimentar aromas e sabores. Há que buscar um ponto em que prevaleça o fator qualidade e sabor em detrimento da fartura absoluta e da saciedade irrestrita — tal o caminho apontado para alcançar a harmonia. Para se saciar, não é necessário um volume tremendo, mas sabores, aromas e beleza, inclusive na apresentação dos pratos.

Do ponto de vista psicológico, é evidente que existem muitas necessidades associadas à pessoa que experimenta a gula. Muitas necessidades e carências poderão ser supridas — ou preenchidas — buscando-se vivenciar situações que despertem o conceito de qualidade de vida, acima da quantidade de coisas.

As demais situações e atitudes consideradas pecaminosas igualmente poderão ser relacionadas a carências, e assim serem entendidas de maneira menos brutal, menos taxativa, menos proibitiva, ou seja: sem o peso da palavra *pecado*. Desse modo, pode-se compreender a inveja como provável sintoma de necessidades não satisfeitas, não atingidas, ligada à ânsia de *ter*, prevalecendo sobre o desejo de *ser*. À importância que se dá ao aplauso e ao reconhecimento público, podemos associar a baixa autoestima e o sentimento de incapacidade de satisfazer-se com o que se tem e se é, sem falar na descrença no poder de superar-se.

Sempre intimamente relacionada ao sexo e ao prazer desmedido, a luxúria traduz boa dose de sentimento de culpa, em larga medida advindo da busca pelo prazer pessoal, mas diz também acerca da necessidade de valorizar mais a vida e o psiquismo, que são facetas importantes e esquecidas do deus Eros. A busca do prazer é passível de ser educada e direcionada, dando-se a ela o devido valor, quando se retira o peso do pecado, do crime, do absurdo, aos quais muita gente associa a ideia da luxúria.

Ante a visão espiritualista, integral e holística, a preguiça pode ser reavaliada, também. A necessidade de lazer, de tornar úteis os momentos de ócio, a fim de que se possa estudar, ler, planejar, meditar, refletir; tudo isso dá um novo aspecto ao que se convencionou chamar de preguiça. Por sua vez, a avareza denota falta de afeto; é como se manifestam as carências afetivas do indivíduo, que clama por ser compreendido. Ocorre que, na falta de algo impalpável, refugia-se naquilo que é visível, tangível, por meio do acúmulo desnecessário. Quanto à vaidade, já muito se tem falado dela, que assume grande importância, considerando-se o ambiente deveras competitivo dos dias atuais. Esse pecado capital, vivido com a devida moderação, é alçado à condição de virtude, num mundo onde se prima pelo belo, pela harmonia das formas, da aparência e das ideias.

De qualquer ângulo que se observe, há como dar novo aspecto ao pecado e descobrir que, dentro do excesso, repousa uma energia estuante, irradiante, latente e bela, que pode ser alimentada, direcionada, reeducada de diversas maneiras. Entretanto, o que mais reclama reeducação é nossa mentalidade, a fim de que possamos alijar da mente as crenças castradoras, que nos levam a classificar e estereotipar as pessoas, a julgá-las segundo nossas acanhadas concepções moralistas. O ser humano caminha para a maior compreensão de si mesmo e, em breve, avistaremos o dia em que grande parcela dos homens será capaz de empregar seu potencial sem que isso implique carregar sobre os ombros o peso da culpa, tampouco macular sua vida com as autopunições que o conservam distante de sua felicidade. Como se pode concluir, pecar é não entender o papel do pecado.

10
Competência ou aparência?

"Eu conheço as tuas obras, e o teu amor, e o teu serviço,
e a tua fé, e a tua paciência, e que as tuas últimas obras
são mais do que as primeiras."
Apocalipse 2:19

Muitos apologistas de uma política de valorização dos sentimentos humanos — verdadeiros heróis, que ensinam as pessoas a recuperar a autoestima — costumam esquecer algo muito importante, que não raro é incoerente, quando não contradiz diretamente seus discursos. Trata-se da valorização exacerbada da sua aparência. Com relativa frequência, escondem-se sob certos disfarces, procurando aparentar aquilo que não são. Aprendem um pouco de quase tudo, de modo a aparentar boa cultura geral, mas, na eventualidade de serem questionados ou de ser empreendida uma análise mais profunda de seu saber, nota-se logo que o conhecimento é apenas superficial. Demonstram certa polidez e fineza nos tratos, que, na realidade, não têm, mas que mantêm com objetivos variados, principalmente visando tirar vantagem de alguma situação.

Quando pretende conseguir um emprego, conquistar alguém ou tirar proveito de uma situação qualquer, seja ela de ordem material ou mesmo espiritual, muita gente se apresenta vestida numa roupagem que é mero disfarce. Tal disfarce, personalizado de acordo com as intenções, geralmente cai num tempo mais ou menos curto, tão logo o indivíduo julgue ter atingido seu objetivo.

Diante de casos do gênero, impõe-se determinada ponderação: que é mais importante, a aparência ou a competência?

Lamentavelmente, falta muita competência nos dias atuais, em que grassam o superficial e a falta de interesse em especializar-se e aprofundar-se, elementos que parecem assumir papel mais importante que a cultura, o saber e o conhecimento sólido e embasado. Tal quadro se verifica até mesmo nas coisas minimamente necessárias para se desempenhar determinado trabalho ou tarefa, bem como para levar a cabo uma relação de qualquer espécie, de maneira satisfatória. Vive-se o momento do superficial, até mesmo do apego e do culto à mediocridade, e o essencial pouco a pouco se torna supérfluo, infelizmente.

De modo geral, as pessoas escondem seu lado considerado sombrio, o conjunto de atitudes ou características que elas mesmas julgam de menor valor, e apresentam-se revestidas de virtudes, conhecimentos e experiência. Verdadeiro teatro é encenado quando se pretende obter uma benesse, conseguir um emprego ou galgar determinada posição. Com desfaçatez mais comum do que se gostaria de acreditar, a maioria responde ou fala aquilo que o interlocutor quer ouvir, e se requer grande habilidade para descobrir a faceta que o outro esconde, desnudando a verdade por trás do véu que encobre a personalidade real. Num mundo de superficialidades, a competência legítima lamentavelmente se oculta, frequentemente, sob disfarces usados para enganar e obter vantagens.

Muitos querem usufruir de benefícios, gozar vantagens e valer-se de direitos, sempre visando ganhar de modo fácil, sem oferecer algo de proveitoso ou o mínimo cabível em matéria de produtividade, qualidade e conhecimento. Parece que a cultura cedeu lugar ao supérfluo, ao superficial e à incompetência, largamente difundida — quase generalizada, às vezes se tem a impressão —, quadro comum na era da internet e das redes sociais. Diz-se que o mundo, particularmente o país, está em crise, mas o que mais falta não é dinheiro ou trabalho; faltam pessoas competentes e comprometidas, interessadas em aprender e fazer benfeito. Enxameiam pessoas cheias de interesse em ter, ganhar e descansar, em experimentar um momento de reconhecimento público sem o devido mérito, em alcançar vitória sem lutar ou ser um herói sem sacrifícios.

Em qualquer reunião de pessoas das mais bem-intencionadas, desde os círculos profissionais aos encontros espirituais, não se vê com facilidade alguém dizendo que errou, que caiu em algum momento de sua vida ou que teve, alguma vez, segundas intenções. Os encontros em regra apresentam vencedores, heróis e personalidades sempre bem-intencionadas, especialistas na sua área de atuação. Desfilam os competentes aos próprios olhos, os conhecedores de tudo e aqueles que nunca falharam e que não admitem publicamente que não têm méritos próprios. Onde estão os que erram? Onde, os que não sabem? Onde, aqueles que não conhecem e não têm cultura? Ficam mudos e dão risadas esporádicas, tentando dar a impressão de que estão socializados, envolvidos e participando.

O mundo está carente de pessoas reais, verdadeiras, humanas, e não de heróis falaciosos, semideuses e protótipos do sucesso forjados pelo *marketing* pessoal. Talvez, o mundo clame por pessoas que vivam e se comportem com mais simplicidade, mais genuínas e espontâneas, se não sem máscaras e subterfúgios, ao menos admitindo que os têm.

A pergunta importante neste caso é: o que te faz feliz? Vieste aqui para ter, aparentar, interpretar — ou para ser feliz? A satisfação não vem com um emprego, uma posição ou certa aparência, pois aquele que se traveste, sabendo que não é ou não tem o que pretende mostrar, conhece muito bem seu próprio engodo e vive perseguido, atormentado pelo medo de lhe descobrirem a verdade.

Procura-se aparecer na televisão, na internet, expor-se sem pudor ao mundo através das mídias e redes sociais, num comportamento que leva à ilusão da fama, ao delírio da superficialidade, o qual mascara a realidade íntima, social, econômica ou espiritual do ser. O desafio, porém, é outro, bem diferente. Superar-se, ir além da multidão e muito além das fantasias e máscaras. Pelo menos admitindo que as usa, torna-se mais fácil descobrir-se, em meio a tanta metamorfose e a tantos disfarces.

Na realidade, quando a pessoa se valoriza, dá importância genuína e de fato àquilo que é — ao seu mundo real, e não à fantasia —, começa a descortinar a felicidade e a satisfação pessoal. É preciso valorizar sua origem simples ou modesta, se é este o caso. O trabalho, nem sempre tão valorizado pela sociedade da esperteza e do ganho fácil, é igualmente importante para todos. Investir na educação pessoal, nos bons hábitos, na cultura e no aperfeiçoamento gerais: isso é fundamental para crescer e traduz uma busca incessante. Sem isso, o ser humano viverá procurando disfarces e desempenhando um papel secundário no teatro que ilude a muitos, embora não a si mesmo.

Os disfarces são admitidos e forjados quando se pretende ser mais do que se é; são caricaturas de super-homens. É urgente para o ser humano parar de querer ser super-humano. É preciso apenas ser humano de verdade... e nada mais. Humanos erram, caem, adoecem, apresentam sérias limitações no saber e no ter. Como humanos, faz-se necessário aprender, dedicar-se, e não esperar do outro além de sua capacidade, de modo a evitar decepções. Como humanos, é imperativo superar os limites da falta de competência e ir além da mediocridade. Não há lugar para super-humanos no planeta, mas, de outro lado, contentar-se com o medíocre é menosprezar a capacidade de superação e de realização com a qualidade para a qual todos são talhados.

Ninguém procura super-homens, heróis do conhecimento e do comportamento; o que se espera é encontrar humanos de verdade, investidos do mínimo de competência necessário para administrar a própria vida. Espera-se encontrar pessoas de bem, mas de bem o suficiente para serem sinceras e admitirem-se limitadas, procurando estar abertas a aprender, a superar-se.

As máscaras caem, os disfarces se deterioram, tão logo desça a cortina do palco da vida e a pessoa se veja a sós ou, ainda, quando algum evento marcante porventura provoque o ser a se apresentar tal como é.

É muito mais inteligente ser verdadeiro consigo mesmo e com aqueles com os quais a pessoa se relaciona; ser é muitíssimo mais importante do que ter ou aparentar. Quanto a ti, o que és, na realidade? Quem ou o que está por detrás da máscara e da fantasia?

11
Sorrir sempre? Acertar sempre?

"Ele, porém, lhes disse: Nem todos podem receber esta palavra, mas só aqueles a quem foi concedido."
Mateus 19:11

POR QUE TENS DE SORRIR SEMPRE? Já notaste que muitas receitas de bom humor e autoestima que ensinam a sorrir o tempo todo e dizer que tudo está bem em qualquer situação são tão frágeis que nem mesmo seus autores conseguem colocá-las em prática integralmente? Sorrir sempre, mesmo em situações complicadas, pode significar distúrbio mental ou emocional. Ser sempre certinho, santinho, bem resolvido e estar radiante de alegria a toda e qualquer hora talvez denote comportamento nada verdadeiro, espontâneo, indicando mais uma atitude mascarada a fim de agradar os adeptos do "Tudo está ótimo!".

Nada está bem o tempo todo e há muita coisa no

mundo que reclama ser refeita, reparada, reciclada e, outras vezes, até destruída, de modo a não deixar rastros e ninguém ousar fazer cópias. Concordar com tudo, acertar sempre, sorrir o tempo inteiro seria, muito possivelmente, o retrato da ilusão que domina a mente doentia.

Ninguém é certinho o tempo todo. Afinal, todos são humanos, e humanos choram, revoltam-se, erram, caem, gritam; por fim, nem sempre são bons ou bem-resolvidos. Então, por que tentar acobertar a situação em vez de reconhecer que não está bom coisa nenhuma? Por que disfarçar em vez de dizer que não compactuas com o erro, a desonestidade, a falta de ética, de educação e de polidez das pessoas à sua volta? Assumir que as coisas não vão tão bem assim equivale a abrir campo para melhorar, encontrar uma solução ou refazer a experiência. Pelo contrário, dizer que tudo está tranquilo, que não há nada de errado ou que a falta de educação é apenas inexperiência e infantilidade é o mesmo que fechar as portas para qualquer possibilidade de reelaborar, de modificar e edificar sobre novas bases.

O mundo só teve ajuda para melhorar porque existiram pessoas inconformadas, porque houve gente que identificou e revelou enganos e abusos, antevendo a possibilidade do aprimoramento. Somente os inconformados mudam o mundo. Aqueles que se conformam com tudo da maneira como está, ainda que em nome de uma pretendida espiritualidade, não passam de conformistas, quando não covardes. Espiritualidade nunca significou passividade diante do erro ou mansuetude perante os abusos e a ignorância.

Ficar sorrindo para todos certamente não é o melhor caminho para o progresso. Ser político e esboçar um sorriso autômato em forma de máscara, apenas para agradar a todos, é perder a identidade e ser conivente com o erro, o desequilíbrio e o que mais mereça ser reciclado.

E quanto àqueles que pretendem acertar sempre? Podem encontrar a decepção em cada passo ou, conforme a expectativa do acerto, desenvolver tristeza, melancolia e depressão, pois jamais ninguém acertou o tempo todo. Quando o ser se conscientiza de que sua caminhada é apenas um estágio de aprendizado, com o tempo passa a contemplar a possibilidade do equívoco em seus projetos, preparando-se para que nem sempre se desenrolem como espera ou planejou. Consciente desse fato, antevê contratempos e percalços em sua jornada, não se entregando ao pessimismo nem ao imediatismo. Trabalha como se tivesse toda a eternidade pela frente; considera os desvios da trajetória, previne-se contra os erros de percurso, inerentes ao aprendizado, e assim instrumentaliza-se para o melhor.

A vida ensina, por meio da natureza, que o universo inteiro constitui um experimento, um laboratório de almas, seres, mundos e sóis. Tudo obedece a uma lei; porém, mediante o livre-arbítrio dos seres conscientes da criação, podem ocorrer situações não planejadas, contratempos que interfiram no funcionamento dos mundos, na mecânica da criação. Por causa das atitudes e ações das criaturas em qualquer orbe, planetas inteiros podem ser dizimados, destruídos; outros, perturbados pela atração gravitacional exercida por astros e estrelas, sem mencionar outras forças, desencadeadas pela ação nem sempre responsável de elementos discordantes da criação. Apesar disso, a máquina evolutiva não entra em colapso diante dos distúrbios aparentes; não ficam paralisadas as forças que engendram o progresso do cosmo. Tudo continua evolvendo, crescendo e reajustando-se de acordo com as possibilidades, dando forma a outros caminhos, elaborando novas rotas, desbravando roteiros alternativos, a fim de que a vida prossiga e o progresso retome o fluxo natural.

Na vida humana, de modo análogo, ocorrem desvios dos planos, porém há o reajuste de rota. Imaginar que nunca haja erro ou que não ocorram incidentes e acidentes no percurso é desconhecer a realidade do mundo e do universo. É, também, desconhecer o poder da fé, que reajusta tudo, que transmuta as montanhas de dificuldades, no intuito de conduzir as partes que erram ao caminho de reabilitação e, por fim, de progresso. Nem tudo está pronto no universo. Aliás, um sábio do passado já afirmava que o universo nasceu menino. Como o homem do planeta Terra, ainda criança em sua visão espiritual, ainda juvenil no que concerne aos valores e projetos de vida, ainda bebê no tocante a investir no lado bom das coisas e da vida.

Sendo assim, é perfeitamente compatível com a realidade humana chegar à conclusão de que as coisas nem sempre estão bem, muito embora a lei da vida conduza tudo e todos para melhorar cada vez mais. Nem sempre o homem está preparado para sorrir, independentemente do panorama ao seu redor. Isso não significa que esteja desesperado ou deixou de acreditar na vida e no futuro. Ao contrário! Caso esteja munido de fé, reconhece que algo não vai bem e arma-se de ferramentas mais eficazes para promover — primeiramente em si, depois no entorno — as mudanças que constatou necessárias e quer ver no mundo.

O passo inicial para modificar alguma coisa é saber e reconhecer que algo não está certo. Se tudo está correto e conforme o plano de Deus, então o que mudar, por que aprimorar? Tal reconhecimento abre as portas para a renovação do homem, da vida, do mundo. O fato de este ou aquele elemento não estar a contento, assumidamente, não tão bem como desejamos nem satisfazendo às expectativas de modo explícito, por si só já o torna alvo de melhorias, investimento e progresso.

O mestre galileu brigou e esbravejou, repreendeu a muitos e usou de palavras duras quando eram necessárias, sobretudo com os fariseus e outros representantes do povo e da religião. Agiu assim exatamente porque sabia que vários deles, assustados diante daquela atitude, poderiam melhorar, transformar-se em estrelas e, no futuro, tornar-se representantes de um mundo novo e de uma realidade muito mais ampla do que o círculo acanhado a que se atinham à época. Na verdade, precisamos demonstrar ao mundo que não comungamos com os erros e com atitudes que contaminam, destroem, vilipendiam, desrespeitam a vida e impedem o progresso. Não precisamos sorrir perante o mal ou tudo o mais à nossa volta, tampouco para os representantes da maldade, nem sempre ignorantes das leis da vida. Devemos é promover a transformação do mundo, começando por cada um de nós, e investir numa nova mentalidade, na reeducação e no resgate de valores mais simples, porém determinantes para a construção de uma humanidade mais feliz.

12
Perguntas essenciais

"Agora cinge os teus lombos, como homem;
e perguntar-te-ei, e tu me ensinarás."
Jó 38:3

EXISTEM ALGUMAS PERGUNTAS que podem representar a libertação da mente, uma vez que induzem o ser a refletir sobre questões de magna importância para a própria existência. Fazer a pergunta certa é importantíssimo para que possas desenvolver um raciocínio libertador para tua alma. Entre essas perguntas, algumas poderão dar novo significado a tua vida, de maneira surpreendente. Eis algumas, mais simples e genéricas:

Que te faz realmente feliz?

Quais obstáculos existem entre ti e a felicidade ou o sucesso?

Por quais mecanismos inconscientemente boicotas tua felicidade e tua vitória pessoal?

Quais as tuas prioridades na vida?

Que decisão difícil tens protelado?

Quais desafios querias vencer e, mesmo tentando, não tens conseguido?

Ao refletires a respeito do modo como caminhas no mundo, sobre como desempenhas tuas tarefas e atividades e como te dedicas ao trabalho, podes realmente afirmar que queres ser feliz ou que estás sendo coerente quando dizes buscar a felicidade?

Podes até ter mil respostas prontas na ponta da língua; contudo, meditar acerca dessas perguntas poderá te levar a respostas constrangedoras. Outras mais poderão incomodar-te.

Em teu trabalho profissional, espiritual ou voluntário, estás fazendo tudo aquilo que és capaz de fazer? Estás te dedicando ao máximo, na medida de tua capacidade, ou tens procrastinado, enrolado até certo ponto, esperando o relógio e o tempo passarem, a vida passar, o mundo passar?

Até que ponto tua força e vontade de crescer são maiores do que teu impulso de folgar, gozar o lazer e dar vazão a tua preguiça?

Em qualquer atividade a que te dedicas, podes dizer que fazes o melhor, que dás o melhor de ti?

As respostas a esse novo grupo de perguntas podem representar o desnudamento de tua alma ou o cair de certas máscaras que eventualmente teimas em carregar contigo. Ou, quem sabe, apenas fortalecem a convicção de que ages de modo coerente com tua proposta de vida e, então, funcionam como incentivo para que continues a fazer o que podes, o que sabes e o que gostas. Algumas perguntas bem elaboradas e honestamente respondidas podem revelar os valores de tua alma. Muitas vezes, eles têm grande significado; outras, são prenhes de motivação; em algum momento, são valores que merecem ser velados e, tão logo possível, modificados, ressignificados.

Nem sempre as respostas obtidas conseguem dissimular a realidade perante si mesmo. Cada um conhece o sabor de ser quem é, sabe seus próprios motivos e conhece a si mesmo a tal ponto que pode até ostentar a máscara do bonzinho, do santo ou do resolvido, mas, no fundo, permanece convivendo consigo, de alma nua, na certeza patente de que é esta a companhia que merece, em tempo integral. E esse pensamento pode encerrar uma realidade com a qual seja difícil conviver.

Eis que muita gente, ostentando a máscara com a qual quer ser vista, não consegue se livrar da companhia nem sempre agradável, honesta ou feliz que é a própria individualidade.

De outro lado, existem também aqueles que, embora usando máscaras ou levantando a bandeira da ilusão, sabem que estes são elementos necessários por tempo determinado, de sorte que, sem o disfarce, se deitam tranquilos, cientes de que fazem o possível. Outros mais riem, e esse riso pode ser o disfarce da dor; cantam, e esse canto pode ser a fantasia necessária para dissipar as sombras. Somente quando se encontram a sós é que conseguem ser o que são, sem medo de ser apedrejados pela opinião alheia, libertando-se da necessidade de se esconder atrás de máscaras, ainda que sejam disfarces de alegria.

Respostas verdadeiras determinam abertura para o interior da alma, implicam desnudar-se, mostrar-se. Ainda assim, nem sempre o indivíduo mostra o que é de fato, por medo de sofrer rejeição, julgamento ou discriminação. Em quaisquer dos casos, seria bom fazeres para ti mesmo as perguntas poderosas que te revelarão, sem nenhum pudor, quem realmente és. Tuas respostas, endereçadas a ti mesmo, evidenciarão o nível de esclarecimento espiritual que atingiste. Não é necessário divulgar as respostas nem as perguntas que fizeres a ti próprio. Basta que conheças tuas próprias intenções e as tornes conscientes. Boas perguntas, inteligentes, motivadoras e esclarecedoras, poderão desnudar perante ti qual a dimensão de tua alma. Mas cuidado! Correrás o risco de surpreender-te ao conheceres teu próprio espírito, teu próprio mundo. Poderás querer voltar a te esconder atrás da máscara e viver o mundo de ilusão.

Seja como for, uma verdade é imutável: toda ilusão será quebrada, despedaçada, diluída, quando a dor e a morte igualar a todos na horizontal, destituindo os indivíduos da fantasia de que cada qual lançou mão a fim de desfilar no bloco da vida.

Se porventura almejas conhecer tuas companhias espirituais, aqueles que mais te influenciam no cotidiano, é oportuno repetir a lúcida recomendação preconizada anteriormente. Pergunta a ti mesmo acerca da qualidade dos pensamentos que irradiam de tua mente. Analisa-a e depararás com a qualidade das companhias que gravitam em torno de ti, em proporção equivalente.

Caso tuas respostas te revelem o que nem sempre estás disposto a admitir, poderás reinventar tuas experiências, reescrevê-las e reformular as bases de tua vida. Procura andar com pessoas alegres e felizes — mais felizes do que alegres, pois nem sempre alegria significa felicidade. Aprende a ver o lado bom de tudo e todos, alimentando tua alma com o melhor que possas. Que tal seres mais seletivo com aquilo que entra em tua mente, com aqueles que entram em tua vida e em tua casa? Por certo esses cuidados não resolverão os problemas do mundo, mas seguramente diminuirão a margem de frustração e infelicidade.

Ainda há tempo de reprogramar tua mente e teu cérebro. Nada é definitivo.

Mesmo que não obtenhas respostas satisfatórias para as perguntas elaboradas, aprende a reescrever as respostas deixando sempre reticências, evitando o ponto final em qualquer questão mal resolvida.

Sobretudo, lembra-te de que és filho do Altíssimo e representante das estrelas. Embora possa haver descompasso entre a realidade com a qual vives em teu interior e a roupagem que empregas para disfarçar tuas dores e dissabores, és filho do rei solar e luz do mundo. Isso te basta para continuares tua caminhada semeando flores e luz, marcando o caminho com o melhor que possas, de modo a deixar no mundo tuas pegadas repletas de flores.

13
Antecipar

"Ora, a fé é o firme fundamento das coisas que se esperam, e a prova das coisas que se não veem."
Hebreus 11:1

MUITA GENTE HABITUADA à filosofia do sofrimento antecipa problemas e lamentações, trazendo para si situações muitas vezes imaginárias, que dificilmente se concretizarão. Muitos indivíduos sofrem por algo que jamais acontecerá; pranteiam, lamentam e reclamam de quase tudo, como se o mundo fosse acabar no próximo dia ou como se não houvesse solução para os problemas e desafios que julgam encontrar a cada momento ou experiência que são chamados a viver. Geralmente, são portadores de mágoa disfarçada, de irritabilidade constante ou de um desajuste emocional intenso. Não toleram que seus planos, expectativas e gostos sejam de alguma maneira frustrados ou que alguém possa contrariar seu pensamento, muitas vezes cheio de lógica, razão e argumentos, que para eles mesmos representam a mais pura verdade — e uma verdade inquestionável. Por isso sofrem antecipadamente.

Outros compram as dores do próximo, acentuando-as ainda mais, e choram o problema ou desafio alheio como se fosse o seu próprio. Se questionarmos aquele que de fato vive a dificuldade, não raro relataria não sentir o peso e a dor como aquele que a tomou para si. O exagero emocional promove o desespero e demonstra imaturidade para enfrentar até os desafios mais comezinhos.

É preciso fazer uma releitura das emoções ou, mais exatamente, das reações emocionais; junto disso, um estudo ou acompanhamento de atitudes e reações internas que determinam a satisfação ou insatisfação do ser. Os indivíduos que vivem aqueles estados de emergência da alma, na grande maioria dos casos, conseguem desafogar seu burburinho emocional na primeira pessoa com quem mantêm estreita relação e com quem têm afinidade. Evidentemente, essa pessoa acaba por se ressentir dos arroubos de desespero e desequilíbrio que são derramados sobre ela.

A visão pessimista deve ser removida, extirpada e substituída por uma ótica mais otimista, em caráter de urgência. É essencial tornar a mente capaz de perceber o lado bom das pessoas, aprendendo que, por onde quer que se ande, fatalmente serão encontradas pessoas apenas humanas à volta. Importa, ainda, tomar consciência da realidade familiar, cultural e social das pessoas com as quais se convive. Com isso, é mais fácil deixar de esperar dos outros aquilo que, conforme se passou a saber, eles não estão capacitados ou preparados a oferecer.

Embora desejemos sempre o melhor, de forma a encontrar no mínimo dedicação e empenho da parte daqueles com quem lidamos, além de verificar resultados de alguma qualidade, é forçoso concluir que, em muitos lugares, em muitos países, sobretudo dependendo do contexto familiar e educacional, a realidade está muito longe de nossa ambição. A verdade é que grande número de pessoas não foi educada para doar-se por completo àquilo que abraçou, e doar-se aceitando resultados abaixo da qualidade estipulada. De modo que nos candidatamos à antecipação de problemas, dores e desafios quando aguardamos algo que ultrapassa a realidade daqueles com quem trabalhamos, lidamos e convivemos no cotidiano.

Para que chorar por mágoas, assim como por erros ou indisciplinas alheios? Para que lamentar, gastando energia desnecessária ao se queixar de tudo e de todos, desapontado com atitudes e resultados, se muitas vezes nem sequer nós mesmos estamos aptos a apresentá-los no patamar de qualidade que exigimos? A energia que empregas reclamando é a mesma que podes utilizar construindo.

Antecipar lágrimas não resolve, não soluciona nenhum desafio humano. Podemos, sim, antecipar alegrias, satisfação e felicidade — e a esse ato se dá o nome de fé, que significa apropriar-se com antecedência de boas coisas, de esperança e alegria. Para tanto, é preciso ser muito mais uma pessoa de fé do que religiosa, que são duas características bastante diferentes entre si.

Enfrentar as situações aflitivas e desafiadoras exige fé no futuro, e essa fé germina, cresce e atua intimamente associada à esperança. Esperança em coisas boas, em dias melhores; esperança no ser humano, sobretudo. Então, se no momento tuas emoções guardam a característica de antecipar coisas ruins e sofres por algo que talvez jamais verás acontecer, poderás decidir traçar um meio de substituir a tendência atual por outro aspecto: a fé no futuro. Aprende a antecipar as coisas boas, as experiências sadias e os resultados melhores. Assim fazendo, estabelecerás uma relação íntima com a felicidade e colherás maior satisfação no teu cotidiano.

Escolher a fé é a melhor escolha, em termos de antecipação. E fazer essa opção consiste em reeducar a alma e as emoções para uma visão e uma reação diferentes perante as atitudes alheias e os desafios da vida. Como bem sabes, reeducar-se não é algo fácil nem tampouco rápido de fazer. Demanda investimento, tempo e empenho, muito mais do que milagres. Mas dá resultado.

Considera dar uma chance às tuas emoções e àqueles que ombreiam contigo, libertando-os do sufoco ao qual às vezes os submete, despejando sobre eles tuas mágoas e insatisfações. Alimenta a chama da fé, que talvez tenha se extinguido ou esteja bruxuleante, prestes a se apagar. Agindo assim, perceberás outra realidade e encontrarás em tua caminhada resultados mais satisfatórios, embora não perfeitos; sobretudo, mais felizes. Aprende a ver, esperar e projetar o lado bom de tudo e de todos, tanto quanto possível, e antecipa a felicidade e os melhores resultados a teu alcance, já que os perfeitos ainda não são viáveis.

14
Sê mais leve contigo

*"Em verdade vos digo que qualquer que não receber o reino
de Deus como menino, de maneira nenhuma entrará nele."*
Marcos 10:15

MUITOS JULGAM QUE as emoções atrapalham a vida
do espírito humano ou podem significar um impedimento para realizar seus sonhos. Prendem-se à ideia
de que a razão é tudo e evitam admitir suas próprias
emoções, como se elas não passassem de incômodo
inevitável. Classificam-nas como indesejáveis, causa-
doras apenas de perturbação, e que, por isso, deves-
sem ser extirpadas.

A emoção consiste tão somente em um pensamento acompanhado de sensações, muitas das quais
de natureza física. Trata-se de uma forma de energia
ainda não compreendida pelos homens. Mesmo quando se procura ser mais racional, deixa-se transparecer

emoções em algum nível. Ao entender que as emoções só fazem atrapalhar a vida, em regra a pessoa cobra-se muito, evitando admitir que é tão humana quanto as demais. O peso da cobrança acaba por nublar o raciocínio e incendeia a alma com ideias que aniquilam o bom senso e comprometem o sabor da vida e de viver.

Feitas todas as ressalvas acerca de quanto precisas melhorar, é muito importante dizer: não te cobres tanto. Não leves sobre os ombros um peso maior do que podes suportar. É preciso saborear as experiências da vida, mesmo que sejam amargas, ácidas ou cítricas. Doces ou salgadas, as experiências e a experiência de viver e de ser humano merecem ser degustadas gota a gota, como um precioso néctar.

Isso considerado, as emoções podem ser aliados poderosos para se conseguir a vitória ou a superação de limites. As emoções dramáticas, tais como alegria, prazer ou medo, fazem-se acompanhar de reações perceptíveis à consciência. Aborrecimento, apatia, tédio ou sensação de indiferença, por outro lado, talvez nem sempre estejam acompanhados de reações físicas imediatas; não obstante, trazem uma mensagem para a mente consciente e para a inteligência, reclamando estudo e compreensão, de modo que, mais tarde, transformem-se em aliados à consecução dos planos. Independentemente do tipo de emoção, deve-se buscar entender-lhe o significado e detectar que força arregimenta a fim de nos auxiliar na transformação.

Emoções, sejam quais forem, não precisam ser catalogadas como ruins ou boas. A ação inteligente consiste em identificá-las e usá-las como aliadas do progresso. São desejáveis ou não de acordo com o momento e a intensidade, mas nunca ruins. Da mesma forma ocorre com aquelas que apreciamos, que nem sempre podem ser classificadas como boas e salutares.

Razão e emoção aliadas podem movimentar o mundo e promover a transformação, a nossa transformação. Portanto, sê mais leve contigo e evita cobrar de ti aquilo que ainda não estás apto a oferecer. Aprende a ser humano, no verdadeiro sentido da palavra, e quem sabe aprenderás a administrar a força da emoção, deixando-a fluir com mais leveza, sem o peso da culpa ou das cobranças imerecidas.

A questão não é se as emoções prestam, se são

desejáveis, boas ou ruins, mas se são adequadas, segundo a forma como são manifestadas, e se são oportunas. Imaginemos a perda, a dor ou a impressão de que algo está se quebrando numa relação. São emoções que todos sentem, em dado momento. O ponto é não permitir que tais sensações se convertam em desespero existencial, isso sim, algo indesejável e infrutífero, à luz do projeto de vida e do progresso de qualquer ser humano. Ser leve, muitas vezes, é te permitires chorar e sentir a dor, sem que esta se degenere em sofrimento, sem que te consuma. É ter saudade e até entristecer-te pela falta de alguém, mas te recusares a fazer do objeto amado um fantoche, alguém a ser dominado por ti.

Emoções devem ser vividas, embora numa medida equilibrada, em que não te percas em meio ao pessimismo, ao derrotismo e outras fraquezas semelhantes. Aproveita a emoção para te abrires a novas oportunidades e possibilidades. Sente cada emoção sem medo nem peso, pois és humano e, como tal, precisas crescer emocionalmente. E é certo que ninguém amadurece sem passar por experiências sensoriais e emocionais que desafiam a zona de conforto em que por vezes nos enjaulamos ilusoriamente.

É necessário ser mais leve, evitar cobranças desnecessárias, sentir-se mais livre para voar, viver e amar, sem as amarras que costumeiramente a própria pessoa ata em si. A culpa, os achismos que produzem cobranças e desespero, entre muitas situações aflitivas mais, poderiam ser evitados caso se diminuísse o fardo que se põe sobre os ombros. Assumir responsabilidades é algo louvável, desde que a pessoa dê conta de levar adiante os compromissos assumidos. Há que ter o cuidado, portanto, de não querer carregar peso maior do que se pode suportar.

Na caminhada da vida, é essencial que o ser possa usufruir do prazer, da leveza e do lazer, ao passo que aprende ou educa-se para ver, perceber e absorver as coisas boas da jornada. Sentir satisfação é essencial para que qualquer compromisso valha a pena, seja em que área da vida for. Sem dúvida, é altamente recomendável tratar as emoções do cotidiano como aliadas do projeto de vida, em vez de inimigas, de obstáculos à sua consecução.

É urgente aprender a lidar consigo mesmo, com atenção para o sistema de autoboicote que cada um emprega como ferramenta da própria infelicidade. Detectados os mecanismos internos que sabotam a vitória, que abalam a confiança ou sustentam a insatisfação, vem o passo seguinte, que é reconstruir a experiência da vida, evitando esses tropeços.

É preciso que te conheças para seres feliz, e isso implica explorar tuas emoções ao máximo, conhecendo-as e o que as desencadeia. Como um explorador do mundo, do universo interior, desbrava a própria alma, sem, contudo, cobrar-te, exigir o resultado que ainda não tens condições de atingir. Trata apenas de te conhecer, conhecer-te e amar-te de tal maneira que a maior experiência de vida que possas ter, nesta ou em outras existências, seja cuidar de ti, amar-te como uma mãe ama o filho querido.

Sim, amar-te de tal modo e a tal ponto que tua caminhada se transforme num voo, leve, sutil ou intenso, mas preferencialmente leve, sem cobranças, sem desejo ou ilusão de corresponder às expectativas de quem quer que seja. Que tua vida seja pródiga em realização interior, com o máximo de prazer e qualidade. Que sejas simplesmente feliz, pois vieste ao mundo somente para aprender a ser feliz — nada mais.

15
O que precisa ser dito

"Pelo qual sou embaixador em cadeias;
para que possa falar dele livremente, como me convém falar."
Efésios 6:20

CALAR-SE PODE SER uma necessidade ou um preço a pagar pela paz. Mas existe um outro lado da realidade que precisa ser analisado. Nem sempre calar-se é o melhor caminho; nem sempre concordar e ser politicamente correto representam a atitude mais indicada. Há momentos e situações em que falar, intervir, manifestar a opinião ou apontar a verdade devem ser uma escolha vista como necessidade premente.

Diante do erro e da omissão graves, não cala tua voz, pois poderás ser considerado cúmplice ou conivente com determinadas situações ou atitudes que precisam ser remediadas e recicladas. Deparará com ocasiões na vida em que caberá a ti impedir que o mal se propague, que outra pessoa caia em precipícios, que amigos enfrentem dificuldades desnecessárias.

Atenção! Muita coisa precisa ser dita, embora nem sempre a forma ideal de dizer seja com palavras. Uma atitude pode comunicar muitas vezes mais do que palavras, mas, se usares as palavras, elas podem e devem ser expressas de maneira respeitosa, de modo a não destruir a esperança alheia, e suficientemente clara, para não deixar margem a dúvidas sobre tua desaprovação do erro e do desequilíbrio.

Manifestar com clareza tua opinião, teu ponto de vista, apresentar argumentos lógicos, consistentes e coerentes pode estancar o mal ou impedir que o crime e a miséria se espalhem como miasma na comunidade que te cerca. O que precisa ser dito tem de ser dito no momento adequado e da forma mais firme, sem resvalar para precipícios de conivência, de politicalha ou de permissividade com o erro e o mal. Argumentar de forma sensata e coerente, mesmo que não se tenha muitos recursos verbais ou um vocabulário mais rico, é essencial para fazer valer o bem, a paz e a equidade.

Há momentos em que é preciso levantar a voz,

protestando na hora e no fórum corretos, e denunciar a situação desrespeitosa, que ultrapassou os limites, ou simplesmente demonstrar teu descontentamento com o sistema reinante. Mais ainda, ora ou outra somos chamados a enfrentar a pessoa que erra conscientemente ou, no mínimo, a advertir aquele que pode transformar-se num representante ou disseminador do mal sem medir as consequências do que faz. Com pretexto de ser considerado habilidoso ou cordial, de evitar dissabores, contendas e polêmicas — e, assim, colaborar para a paz aparente —, muita gente de bem deixa que o mal se alastre e o bem se iniba, quando, na verdade, o papel que lhe cabia era ser um agente promotor do bem, nas situações que é levado a viver.

Ser cristão ou buscar o caminho da espiritualidade nunca significou silenciar diante do erro ou do mal. Acima de tudo, o cristão é um revolucionário, pois é representante do maior revolucionário que o mundo já conheceu. Afinal, o sublime avatar soube empreender a verdadeira revolução de caráter social, espiritual e filosófico, sem precisar tomar da espada para ferir, embora tenha empregado veemência para fazer-se respeitar e estabelecer limites àqueles que se exibiam como mercenários da maldade, explorando o próximo e sabotando o progresso da sociedade onde viviam.

O cristão que se exime de se pronunciar, de dizer o que precisa ser dito e expor-se, conversar, dialogar, discutir ou até enfrentar abertamente o erro em nome de uma pretendida paz, desconhece o comportamento daquele que diz seguir. O Nazareno sempre se expôs em nome do ideal que veio pregar, em nome do reino que veio inaugurar. Não obstante, no momento certo soube se calar, quando seus interlocutores não estavam preparados para saber ou compreender a verdade. Quando Pôncio Pilatos interpelou Jesus com a célebre questão — "Que é a verdade?"[5] —, este se calou, como a dizer que nem todos estão prontos para conhecê-la, e que é diversa a parcela de verdade que cada qual consegue administrar em sua mente e suas emoções.

É preciso saber a hora de se pronunciar, de falar, de defender o bem e estabelecer, de modo consciente e consequente, as bases do Reino nos corações hu-

[5] Jo 18:38.

manos. O momento atual é de falar; é hora de não se calar, pois o mundo espera por pessoas corajosas, que possam defender o que é bom, o que é do bem e o que fará este mundo melhor.

As pessoas, sejam amigos, colegas ou familiares, muitas vezes precisam ouvir certas verdades. Calar-se pode significar a derrocada espiritual de ambos os lados. Do lado de quem se cala para evitar complicações, é significativo o silêncio: é mais covardia e menos altruísmo. Para aquele que precisa do alerta, o silêncio do outro pode determinar um mergulho mais violento no precipício do desequilíbrio. Quem sabe estivesse apto a ouvir algo que o preservasse de quedas maiores? Silenciar diante de abusos e crimes, do erro e da maldade é ser negligente e conivente, o que implica assumir parcela de responsabilidade lado a lado com o agente do mal e do engano, uma vez que se poderia detê-lo, impedi-lo ou esclarecê-lo, a fim de mostrar-lhe que há limites bem definidos para os desmandos e abusos e que existe outro caminho, mais excelente, mais ético e menos comprometedor.

Quanto possas, não te omitas. Quando puderes,

manifesta teu pensamento e defende o bem, o certo e a atitude ética, sem massacrar aquele que age de forma contrária. Expõe-te sem pretender fazer inimigos e entende também que, quando alguém diz algo contrário ao teu pensamento, isso não significa necessariamente que ele seja teu inimigo e esteja a te combater. O outro, assim como tu, tem o direito de divergir.

Lembra que, se foste chamado a servir, se és representante de um reino eterno, embaixador do país das estrelas, cabe a ti a defesa do ideal, a argumentação a favor do que é ético, do que tem lisura e compostura, do que distingue o bem e promove a cultura da paz. Considera, porém, que para a paz se estabelecer definitivamente sobre a Terra — a paz verdadeira, e não aquela paz imaginária, romântica ou fantasiosa —, é preciso que te exponhas em nome do ideal que defendes; é necessário ir à luta sem criar um estado de guerra. É urgente que os bons saiam a campo e aprendam a defender o bem onde e quando o bem estiver sob ameaça.

16
Nem tudo precisa ser dito

"Tempo de rasgar, e tempo de coser;
tempo de estar calado, e tempo de falar."
Eclesiastes 3:7

QUANDO ESTAMOS ENVOLVIDOS num relacionamento, seja ele emocional, profissional ou de outra ordem qualquer, tenhamos em mente que o outro nem sempre guarda a mesma visão que nós, e a realidade alheia pode ser muito diferente daquela que imaginamos.

O próximo, seja ele quem for — pertencente ou não ao círculo familiar, colega de trabalho, amigo ou simplesmente alguém perdido na multidão —, pode estar imerso numa situação aflitiva, dramática e até desesperadora. Pode ser que suas lágrimas estejam reprimidas e disfarçadas pela roupa elegante, pelo traje caro ou pelo sorriso que emoldura o rosto como um disfarce de suas dores ou das dores alheias de que compartilha.

Por essas e muitas outras razões, temos de desenvolver a sensibilidade capaz de identificar o momento apropriado e a condição do outro de ouvir aquilo que para nós é patente, que para nossa realidade é significativo e mesmo óbvio. Nem sempre o que é evidente para ti faz sentido ou, ao menos, está ao alcance da percepção do próximo. Pensa nisso também, e analisa se tua parcela de verdade, se tuas palavras e argumentos não irão ferir, magoar ou jogar o outro num precipício de desilusão, desespero, melancolia ou depressão. Muitas vezes, matamos o outro emocionalmente com certas coisas que dizemos, das quais, mais tarde, arrependemo-nos, embora tantas vezes não saibamos pedir desculpas nem reconhecer que erramos ao falar aquilo que poderia aguardar um tempo mais.

Essa realidade precisa ser considerada, no âmbito do relacionamento humano, no intuito de não botares a perder as conquistas arduamente adquiridas, nem tampouco incentivares a derrocada moral e espiritual e o desajuste emocional daquele a quem se destinam tuas palavras, ainda que ditas por norma de verdade, em nome da máxima transparência e da fidelidade a teus princípios. Nem sempre aquilo que julgas verdadeiro para ti representa a realidade do próximo. Tuas verdades não determinam o andamento e o funcionamento do mundo. Assim como existem vários mundos dentro do mundo, tal como existem vários tempos dentro do mesmo planeta e da mesma existência, também há faces diferentes da verdade — e a tua é tão somente uma versão, uma interpretação, e não a verdade em si, na sua plenitude e exuberância.

Com essa consciência, levando em conta o outro lado da situação, a realidade e condição do teu interlocutor, procura desenvolver a sensibilidade, a fim de dosares tuas palavras e teus pensamentos. Aprende a perceber que cada um vive num mundo diferente do teu e, por isso mesmo, o teu próximo pode ter sua versão, sua interpretação da verdade. Tuas opiniões podem até ser boas e aparentemente corretas, mas não passam de um ponto de vista e nem sempre representam um fato inquestionável.

Quando um fato representa apenas o fato, mesmo assim ele pode ser visto sob perspectivas diferentes. Quando uma verdade representa a maior expressão da verdade, assim mesmo ela é observada de acordo com a ótica e as cores das lentes de cada um, de nenhum modo representando a mesma coisa para todos que a veem.

Quando qualquer um observa um objeto de perto, naturalmente o visualiza sob sua perspectiva. Já alguém pouco mais distante, visualizando o mesmo objeto do lado oposto, verá coisas e características que o primeiro observador não pôde ver. Ainda alguém mais, que porventura visualize a cena do alto, terá uma visão de conjunto, embora pobre em detalhes, totalmente diferente daquela que os dois primeiros observadores tiveram. Apesar dessas nuances tão distintas, cada descrição da realidade, daquilo que cada um registrou, terá validade e não pode ser taxada de errada, simplesmente. Cada um tem sua verdade, sua visão e sua percepção, sob diferentes bases. Esse é um aspecto de que devemos estar conscientes quando pretendemos expressar nossa visão ou nossa versão daquilo que para nós é a verdade, o correto ou o mais acertado.

Quando entramos em relação com alguém, em determinada situação, lidamos com um mundo diferente do nosso universo mental e emocional; relacionamo-nos com um universo de pensamentos, culturas e emoções. Ao se avaliar a necessidade da comunicação eficaz, impõe-se essa realidade.

Sendo assim, nem sempre nossas palavras, nosso vocabulário ou nossa linguagem podem ser compreendidos ou atingir o objetivo desejado. Nem sempre o outro tem a cultura necessária para entender aquilo que queremos ou insistimos em dizer. Além do mais, aquilo que para ti é interessante, importante ou essencial, para o outro, por vezes, pode ser difícil de apreender, aceitar ou até respeitar, considerando-se a condição e o contexto mental, emocional e cultural do outro.

Quando deparas com alguém que apresenta limitações dessa ordem, ou com características e aquisições de espírito diferentes das tuas, então verás que tuas palavras, tuas verdades e tuas necessidades imediatas não são universalmente compartilhadas, e de fato são relativas, e não absolutas. Muitas coisas que desejas, vês ou defendes são necessidades tuas, somente, e não do outro, por mais que enxergues em teu próximo alguma carência que pudesse ser suprida com aquilo que julgas valioso. Lembra que a necessidade muitas vezes é tua, e não do outro, assim como a verdade é apenas a tua versão e opinião.

Assim sendo, nem tudo precisa ser dito, nem toda verdade precisa ser compartilhada. Se é claro que, em certos casos, saber o que dizer e defender o que é certo constituem uma necessidade urgente, sem dúvida é igualmente verdadeiro que há momentos em que o silêncio pode ser o preço da tua paz.

17
Crenças

"Porque um crê que de tudo se pode comer,
e outro, que é fraco, come legumes."
Romanos 14:2

TUAS CRENÇAS DETERMINAM tua vida ou a qualidade de vida que possuis ou almejas ter. Portanto, reavaliar crenças e conceitos é imprescindível para que se aplaine o caminho das melhores realizações. Nota que, ao mencionar crenças, estamos nos referindo às coisas mais simples do cotidiano. Partamos de alguns exemplos, tais como os significados de família, religião, espiritualidade, sexo e responsabilidade, fidelidade e exclusividade, entre outros.

Muitas vezes, os conceitos admitidos a respeito de um só desses itens podem determinar uma vida inteira de privações, limitações e cárcere mental e emocional. É preciso revisitar as ideias que fazes de importantes questões da vida para não te afogares em mágoas, punições, arrependimento tardio ou remorso desnecessário.

Família, por exemplo, é a célula viva que cresce ou adoece dependendo da forma como conduzimos e pela qual pautamos a relação com ela. O cotidiano familiar está estritamente ligado ao conceito que se faz do que seja a família e da maneira como se devem abraçar responsabilidades e assumir aquilo que, eventualmente, é da competência do outro.

Muitas mães comprometem a programação cármica dos filhos e todo um projeto de vida preparado anteriormente, pois resolvem tomar a frente na resolução dos problemas que foram concebidos e escolhidos pelo espírito que recebe como filho, antes do processo reencarnatório, visando ao próprio crescimento. Acreditando que os conflitos do cotidiano são problemas cujo amor e dedicação de mães podem abarcar e solucionar, abortam, sem o perceberem, o remédio usado pela Divina Providência para o espírito adoecido, que é filho de Deus, na medida em que os assumem e interferem em um processo que seria a libertação e a reeducação do filho. Diz-se ser tal comportamento excesso de amor — e amor, nesse caso, é pretexto para as mais absurdas atitudes —, quando na verdade se trata apenas do desejo de continuar segurando as rédeas da vida do outro, manipulando-o ou mantendo o poder, de alguma forma. Agindo assim, as mães impedem que o chamado problema possa servir de lição para o verdadeiro alvo, subvertendo-se a programação do Alto. Em nome do pretendido amor e do mais nobre apoio emocional, muita gente tem abortado as maiores lições enviadas pela vida para reeducar o espírito recebido como filho.

Ser mãe ou pai, para muitos, ainda significa acobertar os erros do filho, assumir os problemas que ele deveria enfrentar a fim de crescer, desenvolver o caráter e o espírito. Em casos assim, seria muito bom rever atitudes, conceitos e ideias a respeito de responsabilidade familiar e, até mesmo, daquilo que se convencionou chamar de amor materno. Caso pudessem antever o futuro dos filhos, muitas mães e pais se arrependeriam de haver evitado que enfrentassem sozinhos os desafios da vida. Com suas atitudes protecionistas e salvacionistas, criam cidadãos incapazes de decidirem por si sós, de amadurecerem para o enfrentamento da vida ou de se tornarem pessoas independentes emocional e espiritualmente. Eis por que o livro bíblico do Gênesis afirma: "Deixará o homem o seu pai e a sua mãe, e apegar-se-á à sua mulher".[6]

É claro que o apoio moral e a solidariedade devem existir sempre. Contudo, intrometer-se a tal ponto na vida e no cotidiano do outro, a pretexto de amar e ser solidário, é um artifício usado por quem quer dominar, manipular e, por algum subterfúgio, não liberar o outro para que viva seus desafios e cresça por si só, como seria desejável e mais de acordo com o programa de vida traçado no Além. Não obstante, é de se compreender que, da parte de quem é manipulado, há o gozo de certo conforto e bem-estar. Usufrui de uma zona de segurança, com a qual se habitua, muito embora o preço alto que paga: abdicar das rédeas de sua vida, deixando-se inocular pela personalidade muitas vezes forte e, outras vezes, não tão forte, mas manipuladora, do parente que se achega, no intuito de auxiliar, munido das mais nobres intenções.

[6] Gn 2:24.

Trata-se de um tipo escancarado de vampirismo emocional, em que o agente — que pode ser um parente qualquer, mas na maior parte das vezes é a mãe ou o pai —, não sobrevivendo com seus próprios recursos e tendo as emoções fragilizadas em algum nível, resolve sobreviver do clima emocional daquele a quem quer bem e diz ajudar.

Falamos desse comportamento para que possas avaliar outros semelhantes que muitas vezes são observados como característicos da personalidade humana. Uma relação doentia, de dependência e interferência tão profundas, só poderá resultar em ruína cedo ou tarde, ao longo da estrada. Uma vez instalado o processo, o sistema imunológico de um dos envolvidos provavelmente se revoltará; passará a operar irregularmente, irrigando as células do corpo físico com a fuligem pesada que exala em razão dessa simbiose emocional intensa. Trata-se de uma espécie de vampirismo deveras pernicioso.

TODO SENTIMENTO DE CULPA gera alguma espécie de processo autopunitivo. O ponto delicado está no fato de que, se o mal-estar gerado pela situação não é suficiente para provocar mudança, a consciência recorrerá a uma pena autoimposta, que gerará o devido padecimento, o que a levará a se sentir redimida. Embora a reincidência desse processo adie a conquista da satisfação real, o ser libera-se, por meio desse intricado mecanismo inconsciente de culpa, martírio e redenção, para "pecar" de novo, isto é, incorrer no mesmo comportamento considerado sujo ou repulsivo, mas que lhe parece tentador demais para resistir. Culpado, reclamará nova pena, e assim sucessivamente, até que algo ocorra e rompa tal círculo.

Abordando outro dos aspectos listados na abertura deste capítulo, imaginemos determinada pessoa que forjou sua concepção de sexualidade em ideias arcaicas, equivocadas ou estanques, que lhe foram insufladas por doutrinas, conceitos e interpretações religiosas castradores e moralistas. É muitíssimo grande a chance de que entre num círculo vicioso de culpa e autopunição.

Provavelmente o veremos isolar-se de experiências sadias. Numa das hipóteses, evitará relacionar-se e apresentará como justificativa o não querer sofrer, prevenindo decepções. A grande pergunta que se faz, nesse caso, é: pode alguém viver no mundo sem enfrentar nenhum tipo de decepção? Pode-se escapar por completo do sofrimento num mundo que, ao menos por ora, atravessa uma transformação tão intensa?

A verdade é que quem não se envolve é porque não ama. Quem age movido pelo medo de amar e se entregar, jamais descobrirá o sabor de viver com qualidade, de experimentar o que a vida reserva de melhor. Também não será capaz de atestar que, na próxima esquina da vida, alguém o espera para viver mais plenamente.

A força e a experiência do sexo, mal compreendidas, geram conflitos intensos e complexos, punições e neuroses, fazendo com que a pessoa se isole e viva uma vida sem sabor nem prazer, sem alegrias nem elementos diferentes. Com frequência, em algum momento da trajetória, as pessoas que não experimentam a relação sexual saudável e sem culpas acabam albergando a mágoa, o pessimismo e a depressão, com algumas variantes. Saber viver sem esse peso do pecado e da culpa, investindo em ser tão feliz quanto se possa, desperta as forças do espírito e ilumina a mente na busca de realizações mais amplas e satisfatórias.

Outra crença que precisa ser revisitada urgentemente é a de que viver religiosamente é sinônimo de busca por espiritualidade. Pura e por si só, a religião pode até trazer diversos benefícios e ajudar a evitar certos transtornos; no entanto, também pode castrar mentalmente, limitar a visão da alma humana e criar e perpetuar rematadas crianças espirituais. Alargando-se a visão a partir de conceitos mais profundos e expressivos, será possível vislumbrar horizontes mais amplos e amadurecer. A busca por espiritualidade eventualmente até conduz a pessoa à experiência religiosa, mas de nenhum modo se circunscreve a esta; pelo contrário, transcende-a de tal maneira que corrói o orgulho, o preconceito religioso e o fundamentalismo, sob qualquer forma que se apresentem, além de pôr em xeque e então erodir os preconceitos de variada natureza. Se porventura teu caminho de espiritualidade não produz esses efeitos, é bom analisar que espécie de espiritualidade tens em mente.

Expandindo os horizontes da mente, a pessoa em busca de espiritualidade, ainda que se dedique aos rituais e objetos sagrados do culto ou religião que professa, certamente saberá caminhar rumo a uma visão mais universal. Mais espiritual do que religiosa, aos poucos se habituará a elevar-se acima de qualquer forma ou referência humana; abraçará aqueles que não pensam segundo a cartilha adotada pela sua religião, bem como os que refletem, questionam e têm coragem de dizer o que pensam, mesmo que seja contrário ao que apregoa a religião escolhida. Sem diminuir aquele para o qual a forma e os aparatos religiosos são importantes, primará pela libertação da consciência e pelo desenvolvimento de livres pensadores. O fator ético passa a prevalecer, em detrimento do moralismo religioso e do farisaísmo ressuscitado nos dias atuais.

A revisão de conceitos e crenças é fundamental à libertação da consciência prisioneira, agrilhoada à culpa. Sem transcender amarras atávicas e culturais, será impossível ser feliz e viver a felicidade, genuinamente. A quem acredita que não há como ser feliz neste mundo, digo que basta olhar os pássaros voando e cantando ou o brilho nos olhos de uma criança de sorriso singelo. Verá, então, que a felicidade está nas pequenas coisas, mas nas pequenas coisas feitas com amor, sem o condicionamento das crenças impostas ou adquiridas ao longo da caminhada. É preciso superar tudo isso, liberando-se das amarras mentais a fim de abraçar a todos, independentemente de religião, cor, sexo, preferências e identidade. É assim que transformaremos este mundo num jardim maravilhoso, incrustado como uma joia em torno do astro-rei, que, ao irradiar suas energias, ilumina a caminhada do ser rumo à plenitude da vida.

18
Ciladas

*"Revesti-vos de toda a armadura de Deus, para que
possais estar firmes contra as astutas ciladas do diabo."*
Efésios 6:11

APRENDE A IDENTIFICAR as ciladas que podes encontrar em teu caminho, pois muitas vezes, disfarçadas de boas coisas ou de atitudes bem-intencionadas, representam a pedra de tropeço em tua jornada e em teus projetos de vida, incluindo a busca de espiritualidade.

Compromissos assumidos ao sabor das emoções ou atitudes que pareçam cristãs, politicamente corretas ou, quem sabe, exemplos de fraternidade, podem se constituir em entraves no futuro, caso prescindam da devida ponderação e de um exame racional meticuloso. Muita gente encontra-se inutilizada por um longo período de tempo em virtude de amores mal resolvidos, compromissos familiares assumidos desnecessariamente ou porque firmaram laços e contratos que representam apenas disfarces para situações aflitivas. Diversos acordos estabelecidos no passado precisam ser urgentemente revistos, avaliados e rompidos, pois acarretam somente confusão, complicações e desespero, não raro para ambos os lados.

Há contratos matrimoniais que servem apenas para aumentar as dificuldades e a infelicidade do casal. Outros, de âmbito profissional, geram angústia, insatisfação e intenso desequilíbrio. Sem falar naqueles que se firmam visando solucionar um problema e, ao fim, são causa de tropeço e instabilidade emocional.

Assim, aprende a identificar esses enlaces desnecessários em tua existência e, enquanto há tempo, ainda durante a caminhada, desfazes o que puderes, liberta-te e libera-te de amarras que te trazem infelicidade. Liberta aqueles que se encontram agrilhoados, acorrentados ao teu jeito de agir e sentir e a tuas necessidades mais prementes. Deixa-os voar livres, à procura da própria felicidade, e, então, encontrarás a tua, também. Manter-te prisioneiro de arranjos e compromissos que realçam a infelicidade, a insatisfação e o desespero emocional, acarretando angústia, mal-estar, tristeza e depressão, é optar por permanecer no sofrimento por tempo indeterminado. Ninguém será cobrado por romper laços que promovem desequilíbrio e desarmonia em qualquer âmbito que seja. Deus não exige de nenhum de seus filhos o cumprimento indevido e traumatizante de contratos que gerem frustração, mesmo daqueles estabelecidos com boas intenções.

Lança para longe de ti essas amarras, desata os nós e toma a decisão de romper com os laços da infelicidade. Mereces muito mais do que o que colhes na lavoura do desespero. Tu és luz e foste feito para brilhar e brilhar acima de tudo e todos.[7] Tu és deus[8] e, como tal, podes escolher teu futuro e determinar os dias que virão com o máximo de qualidade em tua vida. Talvez não possas apagar o passado nem modificar o que os outros pensam de ti, mas podes reescrever tua vida numa página nova, além de desfazer qualquer mal-entendido e não deixar situações mal resolvidas em tua jornada.

[7] Cf. Mt 5:14,16.

[8] Cf. Sl 82:6; Jo 10:34.

Procura aqueles a quem julgas haver ofendido e desfaze o mal feito ou o mal-entendido. Reescreve tua vida enquanto é tempo; ao fazeres isso, aprenderás que o outro, a quem te mantiveste vinculado por todo este tempo, também almejava respirar mais aliviado dos compromissos daninhos para ambos. Verás que o teu próximo igualmente precisa prosseguir, viver sua vida e ir ao encontro de sua felicidade. Liberta a ti e ao outro desse mal em forma de compromisso.

Enquanto puderes, reescreve a história de tua vida de maneira diferente. Aprende a identificar as oportunidades que batem à tua porta; são chances de recomeço, que clamam por registrar uma escrita nova no livro de tua própria existência. Permite que as águas do rio da vida levem cada embarcação a seu próprio destino. Deixa teus filhos prosseguirem, teu companheiro ou companheira buscar a felicidade, teus pais viverem e colherem os frutos de sua própria sementeira; deixa teus parceiros de trabalho profissional e teus parceiros de emoções seguirem seu próprio rumo e, por si sós, encontrarem aquilo que os fará felizes ou infelizes.

Cada qual terá de enfrentar os próprios desafios

sozinho e, sozinho, colher o produto de suas escolhas. Por mais que queiras modificar essa situação ou amenizar os efeitos e resultados, só conseguirás complicar e complicar-te. Mais tarde, tu mesmo recolherás da vida de acordo com a semente que plantaste. E na hora da colheita, não valem as boas intenções. Alguém já realçou algum dia que a sementeira é livre, mas a colheita, obrigatória.

Desfaz as amarras, os compromissos de infelicidade ou os que a causem — permita-me reiterar. Rompe de vez com o passado que traz angústia e aprende a viajar nas asas do vento, nas nuvens da esperança. Deixa-te conduzir por novos mundos, novas experiências, construindo tua felicidade enquanto é tempo.

Muitas vezes, a pretexto de ajudar, de suavizar os problemas alheios, principalmente aqueles que tocam a família mais de perto, acabamos por forjar arranjos que se revelam complicados. Logo aumentamos os desafios, que, mais tarde, em qualquer esquina da vida, reencontraremos em forma de tropeço.

Aprende a ser mais detalhista e atento, a prever possibilidades de insucesso, sendo mais disciplinado e organizado, mais malicioso e menos ingênuo. Não confies apenas na boa vontade ou nas palavras. Seja mais criterioso e minucioso no tocante aos contratos firmados e compromissos assumidos com quem quer que seja, principalmente com familiares e amigos.

A família de hoje é constituída de inimigos do passado disfarçados de pessoas carentes de teu afeto. Cuidado, pois, em qualquer momento, principalmente naqueles de crise mais intensa, o véu do passado cai e cada um se mostra tal como o deixaste no passado, quem sabe em idêntica situação. Por isso mesmo, continua ajudando, porém sem firmar compromissos que te possam obstruir a caminhada, tampouco a do outro. Auxilia sempre, mas na certeza de que todos somos devedores; reunidos em determinada situação ou condição, nem sempre nos será agradável quando alguém se mostrar como é, cobrando-nos não os compromissos firmados na atualidade, mas, com dividendos, aqueles que esquecemos, mergulhados no passado obscuro de outras vidas.

Sabedor dessa realidade, sê mais cuidadoso. Sê bom, mas não bobo. Podes fazer o bem, mas trata

de saber exatamente o que fazes, para quem o fazes
e como o fazes, sempre atento ao emprego que darão
aos recursos que tens deixado à disposição. O coração
está abaixo da cabeça exatamente para que o ser apren-
da a pensar, a programar-se e a ponderar antes de agir
apenas por impulso, emoção ou movido por uma even-
tual crise de santidade.

19
Traumas

"Como suportaria eu sozinho os vossos fardos,
e as vossas cargas, e as vossas contendas?"
Deuteronômio 1:12

TODO SER HUMANO traz em seu inconsciente os registros vivos de conflitos, seja desta ou de outra existência. Conflitos emocionais são comuns a todo vivente, e os traumas deles decorrentes podem ser mais ou menos intensamente vivenciados, dependendo da visão que se tem da vida e da maturidade emocional, que capacita a enfrentar as questões malresolvidas do passado.

Para uns, qualquer conflito é percebido e encarado como problema. Como tal, quem o vivencia sente-se massacrado pela dor que acarreta, chegando ao ponto de traumatizar-se. Sofre e enxerga a vida sob a ótica do problema, que é muito mais a interpretação de um fato do que um fato em si. A situação ou o acontecimento, propriamente dito, nem sempre tem a dimensão que a pessoa em sofrimento lhe atribui, embora ela o veja e o perceba assim, com contornos de realidade.

Emocionalmente instável ou em estado de descontrole emocional, costuma interpretar certos fatos com pinceladas coloridas e fortes, acentuando seus sentidos e emoções, suas percepções da vida e daquilo que julga incomodar e causar sofrimento. Nesse estado, a pessoa não raro se vê como vítima. Há também os que tentam tirar do outro a oportunidade de aprender com as experiências da vida, vendo-se como salvadores da pátria. Dizem que o fardo é muito pesado para o próximo; por isso mesmo, querem carregar sozinhos aquilo que nunca lhes foi determinado. Frequentemente, o outro reclama desse tipo de interferência, pois, ao procurar assumir sozinha o desafio, a pessoa também causa incômodo, cansaço emocional e desgaste naqueles com quem convive.

Outros encaram o quadro, talvez equivalente, sob aspecto diferente. Percebem os conflitos e traumas como desafios e, assim, enfrentam-nos como oportunidade de crescer ou como forma de desenvolver habilidades. Pensam que, em matéria de desafios, a mesma situação pode ser vista por ângulos distintos. Em vez de produzir sofrimento, o episódio pode até causar dor ou desgaste, mas jamais a ponto de os levar aos comportamentos extremos de se verem como vítimas, tampouco salvadores de quem enfrenta dado desafio. Sabem que será necessário trabalhar bastante; portanto, a ajuda que procuram não é para se livrarem do incômodo, mas para se capacitarem, a fim de enfrentar tão serenamente quanto possível o desafio, seja ele de natureza pessoal, familiar, profissional, social ou econômico. Embora se ressintam das forças antagônicas, não se entregam a lamentações, como faz quem vê a situação como problema. Percebem que poderão libertar-se e, sobretudo, têm esperança no futuro e na capacidade das pessoas envolvidas, além de confiança na possibilidade de vitória.

Eis a diferença entre problema e desafio, partindo da visão do observador ou da pessoa que o vivencia. Segundo eminente pensador, fatos é o que não há; o que há são interpretações. E as reações humanas são resultado das interpretações que as antecedem. As emoções suscitadas nessas ocasiões graves são reflexo do ponto de vista e do modo como o ser interpreta as questões da vida. Em todo caso, convém relembrar que ninguém, nenhum espírito no mundo está isento de desafios e das consequências que decorrem de seus atos. A maneira como se age e se reage a tais eventos é que determina o grau de satisfação, insatisfação, sofrimento ou infelicidade de cada um.

Existe, ainda, outra forma de vivenciar as experiências traumáticas que emergem do passado: é a visão ou a interpretação de que se trata tão somente de obstáculos. Sempre sensível aos impactos que advêm desses eventos mais ou menos traumáticos, a pessoa prossegue a existência a vivenciar o que esta lhe apresenta, invariavelmente sujeita à perspectiva adotada.

Em regra, o obstáculo pode ser superado mediante o exercício e o enfrentamento consciente e corajoso da situação. Na verdade, pode ser superado ou, então, posto de lado, hipótese em que caberá ao indivíduo continuar sua jornada, sua ascensão, sem se deixar influenciar negativamente pelos eventos difíceis em seu entorno ou dentro de si. Sabe que há algo que pode incomodá-lo; por vezes, nem conhece direito a dimensão do obstáculo, mas prossegue assim mesmo, deixando o enfrentamento para outra ocasião, quando estiver ou se sentir mais fortalecido. É evidente, porém, que pode arregimentar forças e não fugir à luta, enfrentando-o imediatamente, a fim de liberar-se para outros empreendimentos da vida.

Nunca se saberá o grau de maturidade de alguém, a menos que enfrente a vida e seus inúmeros eventos, que podem ser traduzidos e interpretados como problemas, desafios ou obstáculos.

Seja qual for a opção, a pessoa definitivamente não sofre por aquilo que pode ou talvez não possa solucionar de imediato. Se pode resolvê-lo, resolve não sofrer. E se não se sente apta, prossegue também sem sofrimento, deixando a vida e o universo conduzir tudo com a sabedoria que lhes é peculiar.

Enfim, as três formas de enfrentar um evento traumático ou um conflito que gere desgaste emocional dependem muitíssimo do ponto de observação, da tradução e da interpretação de cada um. Qualquer que seja a maneira de encarar a realidade que assoma em meio às experiências do cotidiano, convém não esquecer que a ninguém é dado furtar-se ao passado ou às consequências de nossos atos, irrefletidos ou não. Nesse contexto, traumas e conflitos emocionais refletem a lei da vida nos levando em direção àquilo que plantamos. Nesse vaivém de experiências cheias de emoções, interpretações, sofrimentos e sabores de felicidade, o homem prossegue sua marcha, certo de que jamais poderá fugir da colheita dos frutos plantados por si próprio, quer se lembre deles ou não.

20
Em vez da dificuldade, que desejas?

"Então clamaram ao Senhor na sua angústia,
e ele os livrou das suas dificuldades."
Salmo 107:19

QUE TE IMPEDE DE TER ou usufruir daquilo que mais almejas na vida? Quais os impedimentos reais entre ti e o sucesso? A fim de conhecer o modelo de funcionamento do sucesso é preciso saber como funcionam o pensamento e a mente e como eles influenciam tua vida.

No tocante à tua vida pessoal, aquilo que desejas e em que acreditas firmemente tende a acontecer. Se acreditas no fracasso, ele também ocorrerá.[9] Tua men-

---

[9] O verbo *acreditar* pode suscitar dúvidas neste ponto, em razão do seu amplo significado. Ele aparece aqui num contexto em que o autor reflete sobre os impedimentos para que uma pessoa alcance sucesso na própria vida. O texto com que Zarthú inicia o capítulo é: "Que te impede de ter ou

te inconsciente programará teu cérebro para o fracasso, caso creias nele. Uma vez estabelecido o programa mental, tudo se dará conforme a ordem que imprimiste nos bancos da memória espiritual.

Afirmas merecer o sucesso e a felicidade, por exemplo. Se porventura trazes o contrário em teu íntimo, ainda que inconscientemente — talvez um pensamento enraizado de culpa e punição —, fazes com que, bem no fundo de tua alma, perpetue-se a crença de que não mereces ser feliz ou atingir o sucesso. Assim sucederá, e não atingirás teu objetivo de felicidade e satisfação pessoal.

No que se refere à força do pensamento, é preciso entender que querer é fazer, operar, abrir campo;

---

usufruir *daquilo que mais almejas* na vida? Quais os impedimentos reais *entre ti e o sucesso?*" (grifos nossos). Nesse contexto, se a pessoa não acreditar em algo, não investirá nisso. Ao contrário, caso acredite de fato na possibilidade de sucesso, vai se empenhar para alcançar o que estabeleceu como meta. Note-se que o autor procura explicar o funcionamento do pensamento e da mente e a maneira como influenciam nossa vida, como igualmente assinala na abertura.

é valer-se do método do universo para fazer as coisas acontecerem. O universo é a materialização do pensamento e do projeto de Deus. Antes que o mundo se tornasse tangível, houve um projeto, um mapa, um modelo mental, e somente então as coisas aconteceram, aglutinando-se em torno da ideia divina, materializando-se depois. Processo análogo ocorre em nosso mundo íntimo, ao interagir com o mundo palpável, em torno de nós.

Para que atinjas teu objetivo de vida, para que alcances a vitória, há que existir um projeto, um planejamento. Nada no universo acontece ao acaso. Nada no mundo objetivo se materializa sem que haja um planejamento inteligente e uma convicção forte de que se concretizará. Ou seja, organização e método são fundamentais para levar teus projetos a cabo com inteligência, visando a resultados satisfatórios. Apenas iniciar algo sem ter claros os passos, a metodologia ou o objetivo principal não te levará a nada, a nenhum resultado concreto, satisfatório.

Do mesmo modo, dedicar-se a alguma coisa acreditando que sua execução é difícil, dolorosa ou sofrível;

afirmar o tempo todo que não gosta do que está fazendo — ou, no mínimo, faz por obrigação — é plantar o fracasso, a desilusão e perder tempo precioso com lamentações que não levarão a lugar algum. Por que iniciar um projeto já apostando que não dará certo? Alimentar a crença na dificuldade da situação não mudará os resultados para melhor.

Se precisas levantar-te cedo para tuas atividades e acreditas e afirmas constantemente quanto é difícil fazer isso, que odeias acordar no horário necessário, por exemplo, apenas aumentas o grau de dificuldade e sofrimento. Reafirmando e alimentando a crença, nunca mudarás os resultados. Alguém já afirmou que, para as coisas serem diferentes, terás de fazê-las de maneira diferente. Nesse caso, significa "bombardear" tua mente com outras informações e alimentar teu espírito com uma nova crença, que substitui a antiga, assim reprogramando tua vida para a vitória.

Se tens dificuldade em atingir teus objetivos, em encontrar teu lugar na vida e realçar o lado bom de pessoas, coisas e situações, pergunto-te: em vez da dificuldade, que desejas para ti? Em vez de ficar reclamando sempre, por que não experimentas modificar a forma de pensar e de programar-se?

Ao examinar essas questões, chega-se à conclusão de que é preciso urgentemente refazer a programação da vida mental e emocional ou se permanecerá indefinidamente dando voltas num círculo vicioso de lamentações e viciação mental. Sim, pois fortalecer o fracasso, repetir que tudo é difícil, que é impossível, é um vício mental dos mais perigosos — e que pode até contaminar quem está a teu lado. A pessoa se vicia em reclamar, em dizer que está difícil e, inadvertidamente, recusa-se a modificar. Como resultado, sobrevém o sofrimento íntimo, a desilusão, pois, em vez de mudar, põe-se a desejar que o mundo mude, que as pessoas mudem e o outro seja mais responsável ou faça sua parte com satisfação e qualidade, quando o próprio indivíduo não consegue ter satisfação; por conseguinte, os resultados não são de qualidade ou deixam muito a desejar.

É preciso ter coragem e desejar o sucesso. Por isso a pergunta: em vez de dificuldade, que desejas para ti? A pergunta provoca reflexões, mas também incita à mudança de comportamento mental e emocional. Isto mesmo: emoções também são passíveis de reprogramação, tanto quanto crenças e pensamentos. Basta querer e se empenhar. De modo geral, as pessoas querem muito pouco, isto é, não têm vontade efetiva de mudar. Anseiam por resultados diferentes, mas recusam-se a mudar o jeito de fazer as coisas. Nutrem a convicção de que só podem fazer desta ou daquela maneira e fecham-se a outra forma de realizar seus planos. Fecham-se à mudança, que é necessária; portanto, caminham em círculo. Esse comportamento denota que lançaram à mente determinada crença ou conjunto de ideias, cultivando-os e adubando-os, evitando abrir-se a novos projetos e a uma forma nova de fazer, realizar e gerenciar. Como consequência, colhem dificuldades e insatisfações.

É preciso ousar para mudar. Sem coragem, não há como obter novos resultados nem mesmo como ver as coisas sob uma ótica mais otimista. Se as coisas não vão bem, modifica a forma de fazê-las. Se os resultados estão insatisfatórios, muda a maneira de gerenciar, bem como as expectativas que alimentas. Em vez de dificuldades, que esperas do futuro? Que semeias? Como estás programando tua vida, teu trabalho, tua vida espiritual? Não temas abrir tua mente, pois teu cérebro não sairá voando por aí. É preciso renovar a forma como vês a vida e como semeias as ideias.

Pode ser que quando acordares, daqui a um tempo, o próprio mundo já tenha se modificado de tal maneira que te encontrarás ultrapassado. Então, que estás esperando? É tempo de mudanças, e já!

21
Metas e objetivos

"Educa a criança no caminho em que deve andar;
e até quando envelhecer não se desviará dele."
Provérbios 22:6

JÁ PENSASTE EM QUAL é o objetivo desta tua existência atual? Já conseguiste visualizar ou estabelecer a meta de tua vida? Ou quem sabe tens te deixado levar como folhas ao vento, pousando aqui e ali, ao sabor de forças que não dominas, e prosseguindo rumo a qualquer lugar, como quem não tem um planejamento de vida? Qual o teu lugar na vida, no sistema deste mundo ou na comunidade global da qual fazes parte? É de suma importância o indivíduo saber a que veio, qual o rumo da existência ou o norte, fundamental na vida de cada um.

No momento em que nasce, todo ser humano luta e aspira a viver e existir, inconscientemente. Porém, cabe fazer uma distinção entre viver e existir, na prática. Na caminhada, o ser necessita de auxílio para tudo, tanto para viver quanto para existir. Ninguém sobrevive sozinho e com qualidade, principalmente no mundo atual; a ajuda externa é essencial para a pessoa se manter, para existir. Mas quando se fala em viver, isso abrange muito mais do que viver fisicamente, que é o que chamamos de sobreviver. Viver relaciona-se a qualidade, responsabilidades, objetivos e metas, entre outras coisas que dão sentido à existência. Portanto, a vida dá sentido à existência.

À medida que cresce, o ser humano sente a necessidade de associar-se, filiar-se, constituir família ou grupos afins, os quais lhe proporcionam a sensação de pertencimento e segurança. Isso é algo comum ao homem, mas também a outras espécies animais. Somente isso não garante qualidade de vida; não obstante, proporciona motivação para viver e existir. A vida em comunidade inspira o ser a desenvolver o senso de confiança, ou seja, a confiar e ser confiável, quesitos básicos para viver em comunidade. Confiar e ser confiável são dois aspectos naturais importantes, advindos da personalidade de cada um e passíveis de serem cultivados, embora nem todos desenvolvam a confiança e inspirem confiança. Por isso mesmo, torna-se difícil sua vida em família ou comunidade.

No entanto, uma vez adquirida a confiança e desenvolvendo-a, há outra realidade a ser encarada e fomentada. Trata-se da capacidade, comum a todo ser humano, de ser feliz, de realizar-se e ser vitorioso na vida. Sabemos que nem sempre essa felicidade é atingida, pois a maioria dos indivíduos deixa-se driblar por situações diversas, que os distraem na caminhada, ou por coisas fúteis e desnecessárias, as quais os afastam da meta estipulada. Por isso, poucos são os que conseguem persistir, ter objetivos, lutar por eles e atingir o sucesso. Esses poucos são aqueles cujos caminhos a percorrer lhes parecem claros, que estabeleceram metas e perseveraram na trajetória, que se dedicaram a ela acima de tudo, provando ser possível a vitória, apesar das dificuldades e limitações próprias ou impostas pela sociedade.

O que se constata, ante o fracasso da maioria, diante da falta de objetivos e metas claras, é que o homem frequentemente se deixa levar pelas aparências, que nem sempre refletem a realidade. Vivem dando valor às etiquetas e marcas, à imagem que querem projetar, reforçando perante o mundo que o sucesso é ter, possuir e até ostentar; sobretudo, parecer algo que não se é.

Mesmo aqueles que possuem objetivos espirituais se entregam ao mundo da aparência, ao desejo do aplauso, enquanto perdem de vista seu objetivo real e a meta do sucesso natural, trocando-o pela imagem do sucesso. Preocupados com a aparência, esquecem-se da essência, do conteúdo e daquilo que genuinamente os fará felizes. Entretanto, um dia a aparência deixa de existir, as máscaras da ilusão caem, os aplausos são substituídos por pedradas; quando se dão conta, aquilo que realmente importa ficou em segundo plano.

Desse modo, podemos afirmar com segurança: muita gente movimenta-se, mas não constrói; caminha muito, mas não se encontra. Como diz um amigo espiritual, mesmo entre aqueles que se julgam no trabalho do bem, muita gente pode estar bem mal.

É urgente uma reflexão a respeito do objetivo real de tua existência. Que vieste fazer no mundo? Para que estás aqui? Como atingir tuas metas ou encontrar teu caminho? Quanto estás disposto a investir naquilo em que acreditas? As respostas a essas perguntas são fundamentais para que não te percas na caminhada, distraindo-te e distanciando-te do norte de tua existência.

Ao lado disso, na mesma proporção em que procuras conhecer o objetivo de tua existência, é crucial plantar bem os pés no chão, enquanto miras as estrelas. Em outras palavras: sem fazer malabarismos para atingir as metas de tua vida, deves semear, perseverar e porfiar no caminho, lutar sem fazer guerras e compreender que, muitas e muitas vezes, é preciso recalcular a rota, pois nem sempre o caminho à frente é reto ou leva direto ao porto de tua existência. A vida é mestra em recalcular rotas, tanto quanto Deus é especialista em promover reviravoltas.

Portanto, caso as coisas não estejam tão claras à tua visão, caso te sintas perdido ante o futuro ou com dúvidas quanto ao sentido de tua existência, deixa Deus agir em silêncio e a vida trabalhar sabiamente. Não impeças o fluxo da vida, tampouco cries empecilho para tua felicidade. Não raro, o caminho que rejeitas seguir é exatamente aquele que te conduzirá à vitória. Deixa-

-te conduzir pela correnteza do rio da vida e evita nadar contra o sentido da tua existência. Quando não souberes que caminho seguir, basta observares os sinais colocados pela vida à tua frente. Aprende a interpretar a linguagem da vida e do universo através desses sinais, das tendências e das oportunidades. Mas aprende, também, que nada é fácil e que vitória nenhuma virá sem o sabor da luta e sem as dores da experiência.

22
Procrastinar, deixar para depois

*"Prossigo para o alvo, pelo prêmio da soberana
vocação de Deus em Cristo Jesus."*
Filipenses 3:14

A NECESSIDADE DE MUDAR, de assumir responsabilidades e comprometer-se é um elemento-chave da alma, a ser encarado com a devida seriedade e urgência. É preciso que o ser desenvolva uma visão mais abrangente e profunda do seu cotidiano, no que compete a reconhecer seu papel na vida e às implicações decorrentes dos compromissos assumidos. Ninguém cresce, vive ou aproveita a vida adiando ou livrando-se de atribuições e responsabilidades. E, sinceramente, não adianta alimentar a ilusão de que outro assumirá aquilo que compete a nós e fará as coisas do jeito que deve e precisa ser feito. Toda vez que alguém deixa de lado, por um motivo qualquer, aquilo que lhe cabe, confiando a outrem a responsabilidade que é sua, ocorrem insatisfações, revolta e arrependimento. Principalmente se o agente dessa situação responde por um patrimônio, pela condução de um grupo de pessoas ou um empreendimento. Aí o resultado, invariavelmente, é negativo, desastroso, e gera um grau de insatisfação muito grande.

Existem outras responsabilidades pessoais que também merecem reflexão. Muita gente deixa para depois o exame médico, o exercício físico, o lazer e outras necessidades, protelando-as indefinidamente. Com mil desculpas, na verdade esses indivíduos ancoram na preguiça e na irresponsabilidade o adiamento de situações que precisariam ser enfrentadas de imediato. Brigam contra o relógio e o tempo, contra si mesmos e contra o ritmo do mundo e da vida.

Geralmente, são pessoas que não se amam de maneira devida. Boicotam sua satisfação, sua felicidade e sua vitória pessoal porque adiam, deixam para depois ou transferem responsabilidades, alegando falta de tempo ou, quem sabe, falta de capacidade de administrar sua agenda. A sabotagem torna-se algo comum no dia a dia dessas pessoas. O grande problema é que estão sempre insatisfeitas consigo mesmas, com o mundo e com as pessoas à sua volta. Insatisfeitas com o sistema, reclamam constantemente; não têm tempo nem mesmo para ver as coisas boas e o lado bom da vida e das coisas que os rodeiam. A convivência com esses indivíduos se torna difícil, e mesmo aqueles que os amam acabam se cansando; passam a tolerá-los, em vez de amá-los, pois esgotam a capacidade de compreensão do outro ou a paciência daqueles com os quais convivem. De boicote em boicote, cria-se um circuito fechado de autossabotagem no qual as energias se exaurem, a paciência se esgota e a amizade se desgasta.

Também neste caso é preciso um esforço para a reeducação do espírito. E este deve ser um esforço consciente, com determinação. Eis que se impõe a necessidade de modificar a visão da vida e das pessoas e acontecimentos à volta. Reaprender a ser feliz com as coisas simples do cotidiano, pois tais pessoas complicam demais a própria felicidade. São tantas as exigências para ser feliz ou obter satisfação que as coisas mais singelas parecem desgastantes e insuficientes. Quando aumentamos muito as exigências para atingir um estado de felicidade e mínima satisfação, demonstramos a necessidade de um processo lento e gradual de reflexão e revisão de valores, de mudança do modo de ver o mundo. Será preciso simplificar as coisas, os gostos, os prazeres, as exigências e tentar, de alguma maneira, perceber que o mundo não gira no ritmo que nós desejamos e que, muitas vezes, nós é que estamos desajustados, querendo viver num ritmo diferente.

Adiar, procrastinar, deixar para depois são sinônimos de insatisfação, de surpresas indesejáveis e perfeitamente desnecessárias; denotam a necessidade urgente de mudança de comportamento e de simplificação. Adiar ou procrastinar consome muita energia e mobiliza as emoções. Assumir sua responsabilidade na vida e as consequências do comportamento preguiçoso e lento — ou, como diz um elevado amigo espiritual, da disritmia comportamental — é essencial para que se refaça o caminho.

Desculpar-se o tempo todo por atrasos, adiamentos ou inadequações com o tempo e o ritmo da vida simplesmente não resolve problema algum. Enquanto o indivíduo procura desculpas, enquanto passa a mão na própria cabeça diante dos atrasos constantes, da própria dificuldade em assumir sua responsabilidade neste conflito interno, o tempo passa, as oportunidades passam, a vida passa.

É preciso ter coragem, vontade de vencer esse desafio, quando a pessoa realmente está disposta a melhorar. Porém, caso considere que tudo está bem, que as coisas devem ser da forma como são, ou quando a pessoa não identifica necessidade de mudança, então não há como mudar. Para mudar qualquer situação ou comportamento é preciso querer, em primeiro lugar.

A partir desse ponto, é urgente um processo reeducativo de ordem mental-emocional. Procurar ver as vantagens da mudança, esforçar-se para adquirir novos hábitos e programar-se para executá-los ou colocá-los em prática, pois pouco a pouco substituirão os antigos. Armar-se de vontade e ousadia a fim de romper a preguiça, que algumas vezes mascara atitudes antigas. Reeducar as emoções, visando sentir-se melhor e perceber a satisfação de fazer as coisas de maneira diferente. Contemplar os resultados e permitir-se sentir satisfação diante deles. Em resumo, colher os frutos advindos dos novos hábitos e, sobretudo, experimentar cada novo comportamento como algo que trará resultados mais satisfatórios e vitórias em muitos aspectos antes inobservados.

No entanto, não penses que seja fácil; não é isso que defendo. Toda vez que tentamos modificar um hábito, isso exige grande esforço e perseverança. Afinal, deves compreender que, para mudar algo, terás de refazer tua caminhada, agindo agora de maneira diferente, mudando também os pensamentos e conceitos a respeito da própria coisa que desejas modificar. Contudo, há o sabor de atingir uma meta pessoal e poder sentir que és capaz de modificar tua vida e dominar tuas próprias tendências, caso seja essa tua vontade.

Tomada a decisão de mudança, não cobres de ti aquilo que ainda não és capaz de realizar, pois pior do que qualquer consequência de procrastinar situações e compromissos é o sentimento de incapacidade ou de culpa. Procura mudar, porém não te esqueças de que és humano e tens tuas próprias limitações. Não te acomodes, mas não exijas mudanças graves, absolutas nem rápidas, pois assim estarás perdendo o sabor

de perceber cada passo da caminhada e sorver a satisfação de mudar para melhor, quando for esse o teu
desejo, efetivamente.

23
Fracasso espiritual e manipulações

"E não é maravilha,
porque o próprio Satanás se transfigura em anjo de luz."
2 Coríntios 11:14

FAZER O BEM NÃO SIGNIFICA, nem de longe, dizer "sim" a todos, a tudo e a qualquer situação. Muitas vezes o mal prolifera porque os que defendem o bem não souberam impor limites à ação da maldade e não disseram "não" quando deviam.

Aceitar tudo o que o outro apresenta, dizer "sim" a pretexto de não incomodá-lo ou contrariá-lo pode significar a derrocada de tua existência. Além disso, pode marcar o fracasso da programação espiritual alheia, isto é, do teu interlocutor. O aprendizado necessário àquele que se considera representante do bem, neste caso, é desenvolver o senso de limite e impor limites ao desrespeito, à ação abusiva e à intromissão alheia. Sob essa ótica, dizer "não" é fazer o bem, e dizer "sim" é ser conivente.[10]

Como resultado do excesso de sentimentalismo, deixa-se de dizer "não", pois é muitas vezes cômodo, conveniente.

Há pessoas que foram inseridas em nosso convívio a fim de que, a um só tempo, sejamos instrumentos de reeducação para elas e também nos eduquemos emocionalmente.

Uma situação que exemplifica esse tipo de circunstância ocorre quando alguém abraça a responsabilidade alheia e toma sobre os ombros o fardo que deveria ser do outro — tudo feito em nome do amor, embora, na realidade, seja essa atitude reflexo da necessidade de dominar, de manipular emoções e não perder as rédeas da vida do outro. Tudo, menos amor genuíno. Ser instrumento dessa situação ou agente de tal comportamento é o mesmo que tirar do outro a oportunidade que a vida lhe concedeu de aprender, de

---

[10] Cf. KARDEC, Allan. *O Evangelho segundo o espiritismo.* 1ª ed. esp. Rio de Janeiro: FEB, 2004. p. 224-225, cap. 10, itens 19 a 21.

reeducar-se, de assumir seu papel na vida.

Muita gente está acostumada, até mesmo devido à cultura e aos costumes familiares, a se intrometer na vida alheia. Como veem isso como algo trivial, comum, natural, desrespeitam sobremaneira a privacidade e os direitos do próximo. Contudo, vale indagar: aquele que se sente injuriado com a atitude invasiva em algum momento deu a conhecer ao outro que está exagerando, que ultrapassou os limites? Sequer o fez saber que se encarrega do que não lhe compete? Ao ser desrespeitado, mostra alguma reação ou simplesmente deixa tudo como está, por medo de contrariar e magoar o outro? Pior: acaso a leniência advém do fato de que a atitude, mesmo desrespeitosa e invasiva, é conveniente, acarreta alguma espécie de benefício?

Ora, vale a pena ser magoado, desrespeitado ou sofrer com a intromissão do próximo para não ofendê-lo em seus caprichos? Sofrer e ficar calado apenas para conservar a amizade é compensador? Calar-se, passivamente, para não correr o risco de ser mal interpretado é sempre o melhor caminho?

É forçoso concluir que a parte que se sente desrespeitada, uma vez que permite que assim se dê, obtém algum ganho secundário, por mais aflitiva que pareça a situação. Na verdade, ocorre um processo de simbiose emocional: de um lado, alguém se intromete, assume a vida, os encargos, as responsabilidades e as dores necessárias ao outro; no polo oposto, a aparente vítima beneficia-se dessa atitude, embora alegue desrespeito à privacidade, de fato sentindo-se prejudicada. De alguma forma, a invasão proporciona conforto, pois a pessoa sente que o outro assumiu suas dores e se incumbiu de determinados problemas, não obstante haja um preço a pagar pela ajuda concedida.

Realmente, o preço será pago. Ora a pessoa se cala, ora reclama, reconhecendo intimamente a invasão; mesmo assim, conforma-se e tolera, pois se acostumou com o outro cuidando das coisas mais incômodas. Conforta-a ter ao seu lado alguém que passa a mão em sua cabeça, que a seu modo lhe presta ajuda nos desafios diários. Só que o preço desse comodismo redunda em malefício irremediável.

Aquele que age como vítima ou alvo de tal situação perde a oportunidade, programada pela vida, de aprender, crescer e tornar-se independente, enfrentando por si só os próprios desafios. Comporta-se como uma pessoa de idade mental diferente da que de fato tem, pois permite que o outro tome as rédeas, aparentando ajudar, auxiliar, oferecer apoio emocional.

Quanto àquele que assim procede, o manipulador, o benfeitor, que alega ser detentor de um compromisso com a pessoa amada, ele imerge na vida do outro e, ao fazer isso, deixa de lado sua verdadeira programação espiritual. Em lugar dela, vive a daquele que diz amar — em verdade, aquele a quem ama manipular e dominar. Perde a chance de viver experiências mais amplas, de viver com maior qualidade. Mergulha de tal maneira nos problemas de quem pretende ajudar que perde o bom senso, ou seja, abdica das melhores chances de aprendizado, de crescimento, além de se tornar corresponsável pelo fracasso do projeto reencarnatório de ambos.

Reeducar sentimentos, fazer uma revisão de valores, conceitos e se esforçar para palmilhar um caminho diferente — tal a necessidade urgente. Esse comportamento sistemático de violação da vida e da privacidade representa um vício das emoções. As duas partes, invasor e invadido, estão num processo de simbiose doentia — que denominam equivocadamente de amor, de compromisso espiritual ou de apoio emocional.

A fim de enfrentar tal situação, quando identificada, faz-se necessário esforço, acompanhamento emocional genuíno por parte de alguém, preferencialmente um especialista. Acima de tudo, o mais importante é que ao menos uma das partes esteja disposta a refazer a caminhada, reavaliar suas atitudes e reconhecer que existe um problema real e emergencial a ser solucionado. Se pelo menos um dos envolvidos não admitir essa realidade, é impossível reverter a situação, que na maioria das vezes perdura a ponto de ser transposta ao outro plano de existência, cruzando os umbrais da chamada morte, onde se manifesta como processo simbiótico grave e pseudo-obsessão.

Certamente, ambas as partes, mas principalmente a parte manipuladora e promotora do comportamento invasivo, sempre apresentarão explicações recheadas de emoções e de lógica própria para justificar esse estado de coisas. Não haverá, inicialmente, abertura para ver o dano que é causado na vida alheia e na própria. Trata-se de um comportamento de tal forma pernicioso e doentio que o próprio corpo, com o tempo, ressente-se. O sistema nervoso se revolta, e o desequilíbrio orgânico se faz presente. Tem lugar um processo psicossomático: o sistema psicofísico se satura, exaurido, e acaba por "expulsar" as energias oriundas do comportamento vampiresco para a periferia do corpo, ocasionando alergias e baixa imunidade, além de afetar seriamente a visão que a pessoa tem da vida e de si mesma.

Eis por que não cansamos de afirmar que a reeducação é o melhor caminho. É preciso urgentemente ressignificar emoções, refletir sobre os conceitos admitidos como crenças e refazer a caminhada, numa trajetória sem dúvida dolorosa de mudança de comportamento. O resultado, porém, será sobremodo libertador. Mas somente então cada qual caminhará com as próprias pernas e começará a enfrentar as consequências daquilo que fez e faz, assumindo responsabilidades por suas atitudes e escolhas, sem superproteção e paternalismo. Um sentimento de alívio virá à tona em ambos os partícipes da simbiose emocional, após desvencilharem-se um do outro.

Não obstante, deve-se ter em mente que reeducar é mais difícil do que educar. Reeducar posturas e atitudes, sobretudo com forte caráter emocional, passa inevitavelmente por uma revisão de valores, por uma reflexão ousada e corajosa, desprovida de medo e de piedade de si mesmo; passa por um reconhecimento, ainda que tardio, de que algo merece ser reciclado e há emoções que reclamam ressignificação urgente. Trata-se de um caminho que precisa e deve ser palmilhado de maneira consciente e com vontade real de libertar-se.

Para tanto, o Evangelho, estudado e compreendido como um roteiro de vida, e não uma cartilha ou manual religioso, consagra-se como valioso instrumento de libertação desse cativeiro emocional. Com o Evangelho, aprender-se-á a dizer "não" na medida e no tempo certos. Também se verá que, muitas vezes, dizer "sim" a determinadas situações, além de representar conivência com o erro e com atitudes invasivas e nocivas, pode levar à derrocada espiritual. Enquanto é tempo, aprende a voar com tuas próprias asas e deixar que o outro alce voo por si só, pois cada qual terá, em algum momento, que se libertar do cordão umbilical e viver a vida sem amarras e cadeias que restrinjam sua liberdade e sua responsabilidade.

24
Compromisso ou vício?

"Desvia-te do homem insensato,
porque nele não acharás lábios de conhecimento."
Provérbios 14:7

MUITOS SÃO CHAMADOS e poucos são eleitos.[11] Essa sempre foi uma realidade da caminhada espiritual. Muita gente pensa ter uma missão, acredita ter uma tarefa importante a fazer, mas menospreza as coisas mais simples do cotidiano, os compromissos mais singelos. Com pouco esforço, consegue prejudicar e até arruinar sua programação espiritual, complicando-se por causa de compromissos que assume e contratos que celebra, moral, social ou intimamente, os quais precisam ser revistos em caráter de urgência. Vive na

---

[11] Cf. "Porque muitos são chamados, mas poucos escolhidos" (Mt 22:14; 20:16). Cf. Ap 17:14.

ilusão de que é alvo de um chamado espiritual e de que um trabalho muito importante a aguarda. Não obstante, não se dedica a desfazer aqueles vínculos que causam dor, angústia, decepção, deixando-a prisioneira de situações e pessoas que somente provocam desequilíbrio e sombra em sua vida.

Refiro-me a contratos e compromissos firmados sobre desequilíbrios, sem o devido raciocínio e ponderação, produto de forte conteúdo emocional, os quais pesam e se tornam pedra de tropeço, impedindo que o indivíduo se sinta livre para voar, realizar e, sobretudo, ser feliz. Muitos deveres contraídos em nome da imprudência, da emoção, quando não apenas para simular uma situação inexistente, configuram-se verdadeiros percalços do caminho. Não é raro observar casos em que o sujeito se amarra a determinada situação e estabelece contratos, sejam tácitos ou explícitos, com pessoas, associações ou circunstâncias, fazendo com que se sinta prisioneiro.

Contudo, há casos mais graves. Há aqueles que se esforçam para ser infelizes. É que, embora saibam que certas situações são repletas de desequilíbrio, angústia, insatisfação ou ilusão, entregam-se a elas reiteradamente, sem coragem de romper aqueles compromissos infelizes e sombrios. Parece que muita gente gosta de sofrer. Sabe de antemão que a situação será aflitiva, mas não tem coragem ou determinação suficiente para escolher a felicidade. Como se não bastasse, ainda mantém o outro cativo, o que estabelece um círculo vicioso, pois a infelicidade também vicia. Isto mesmo: tem gente que se viciou em ser infeliz.

Para assumir um compromisso espiritual mais elevado, de caráter mais abrangente, a pessoa deve aprender a desfazer-se de laços que, mais tarde, a impedirão de se realizar. Nós cármicos sustentados pela insensatez só levam a comprometimento com as sombras, à angústia e ao desespero. Nenhum laço ou união é indissolúvel, mas é preciso desejar romper com as amarras do desequilíbrio e da infelicidade. E mais: há que ter coragem para se libertar do vício da infelicidade.

Quando determinada situação se repete indefinidamente, quando brigas, desavenças, boicotes, manipulações e desajustes se tornam previsíveis na caminhada de quem quer que seja, é sinal inequívoco de que é necessário mudar, reciclar, recomeçar. É muito fácil a pessoa acostumar-se com tudo isso e, ainda por cima, justificar-se com a teoria absurda de que detém um compromisso com o outro, a situação ou a comunidade que lhe causa o desgosto repetido.

Ninguém tem compromisso de ser infeliz em nome de qualquer pessoa! Ninguém pode assumir a infelicidade e comprometer seu futuro espiritual a pretexto de ajudar o outro ou na esperança de que ele se reequilibre e recupere a própria alma. Essa é uma incumbência que só cabe à vida, que conduzirá a alternativa da dor como mensageira da reeducação. É fundamental libertar-se de ideias que, mesmo recheadas de pretensões de bondade, não passam de grilhões que acorrentam ao desequilíbrio e que impedem a verdadeira escalada espiritual e a vitória pessoal.

Lembrando o maior psicoterapeuta da humanidade, é preciso amar-se primeiro; somente em seguida virá o amor ao próximo, isso quando esse amor é genuíno, de fato. Na maioria das vezes, porém, o que se observa é dependência emocional, medo de aventurar-se e assumir sua felicidade ou, então, mera acomodação a determinado contexto, por mais aflitivo que seja. Amor mesmo, e amor genuíno, é o que escasseia. Desse modo, amar-se, cuidar de ter mais qualidade de vida emocional, afetiva ou familiar é o mais importante em qualquer situação.

Sob esse aspecto, considera rever certos conceitos de que tens compromisso com o outro, ou de que existe um compromisso espiritual aguardando-te na próxima esquina do caminho. O maior compromisso é com tua realização pessoal, com tua felicidade. Tendo a coragem de romper com tais laços de infelicidade, serás muito mais útil à humanidade do que pretendendo manter os nós, as amarras e os contratos celebrados sobre base de puro egoísmo, raiva, imaturidade ou dependência emocional, bem como aqueles que geram desgastes desnecessários, os quais, sabes muito bem, voltarão a aparecer em algum momento de tua jornada.

Antes de pretender ter um trabalho especial, de acreditar numa suposta missão espiritual, rompe os laços da amargura e deixa que a vida conduza aqueles que sustentam sua infelicidade com os métodos que lhe são próprios. Limpa de teu histórico pessoal o máximo de situações malresolvidas e prontifica-te a seguir melhorando, aprimorando-te e semeando em ti mesmo, em teu coração, as sementes de felicidade. É preciso reeducar tua vida, teus pensamentos e emoções a fim de seres, novamente, feliz. Enfim, é importante acostumar-te com a felicidade. Ficarás surpreso ao encontrar a felicidade e experimentar a liberdade de voar outra vez.

25
Homem de bem ou homem bom?

"Jesus lhe disse: Por que me chamas bom?
Ninguém há bom, senão um, que é Deus."
Lucas 18:19

HÁ QUE SE PENSAR NA NATUREZA de cada um, quando se fala em bondade, em ser bom, honesto, ético ou mesmo cristão. Coisa diversa é ser um homem de bem, isto é, alguém que busca ser tão ético quanto possível, tão honesto quando puder e tão bom quando conseguir. A diferença entre ambos é enorme e convém tê-la em vista claramente, a fim de não se confundir *homem de bem* com *homem bom*.

Na maioria das vezes, alguém classifica determinada pessoa como boa porque foi favorecido em algum nível, a atuação desta lhe gerou qualquer espécie de ganho ou lucro, não importa a natureza. De outro lado, quando a pessoa toma iniciativas desagradáveis — que até podem se mostrar de grande valia no longo prazo, mas exigem sacrifício momentâneo, quem sabe abrindo-se mão de certas vantagens —, logo passa à categoria de pessoa má, de má índole, e rapidamente cai em descrédito, segundo quem se sentiu prejudicado. Então, ser bom ou ser ruim não é algo associado, no conceito popular em geral, a valores morais ou éticos, a aquisições do espírito ou a seu comprometimento com o bem. Ao contrário, está muito mais ligado aos benefícios promovidos para o outro — a interesses, enfim — do que ao bem em si. Muitos privilégios ou vantagens nem sempre são do bem e não traduzem enriquecimento social e cultural; apenas favorecem gente ociosa, defensores da preguiça e aproveitadores em busca de facilidades pelas quais não trabalharam.

De modo geral, o homem de bem não é devidamente compreendido em seu tempo, pois é dotado de visão mais ampla, que abrange além da necessidade pontual e imediata de alguém. Não se deixa levar por interesses pessoais, mas age guiado por um ideal, o que, aliás, poucos têm. Não se pauta pela opinião alheia, mas pelo cumprimento de seu ideal e pela dedicação a ele; a opinião geral não o move nem comove, porque, como cidadão do mundo e do universo, tem um compromisso com a humanidade e a vida. Jamais se vende a pessoas ou instituições, tampouco se deixa corromper. Um homem considerado bom pode ser também religioso, mas um homem de bem é uma espécie de patrimônio da humanidade e não faz partidarismos, seja político ou religioso, embora possa professar determinada religião.

Ao analisar essas figuras, é comum observar que nem sempre o homem de bem é tão bom quanto se imagina; de outro lado, o homem bom nem sempre é tão do bem quanto se espera. Pode-se ser bom e bobo. Ou seja, uma pessoa pode deixar-se levar, mesmo sem querer ou premeditar, por não ter a robustez necessária para resistir ao mal — fato que, por si só, atesta que a pessoa não é tão boa quanto se apregoa. Quando o indivíduo é comprometido com o bem, é como se sentisse o cheiro do mal, ao que responde com a devida coragem para firmar posição. Em regra ligado ao processo intuitivo, sabe detectar quando alguém pretende usá-lo para atingir algum objetivo escuso. Isso nos mostra que muita gente considerada boa pode ser apenas boba ou, quem sabe, acomodada, desde que se sinta num ambiente favorável e numa situação mais ou menos confortável.

Já um homem de bem pode até ser bom, mas nunca bom no conceito reinante, na visão das pessoas materialistas ou, mais propriamente, imediatistas. Um homem que se diz bom pode ser, por exemplo, um indivíduo político, que faz propaganda própria, que promove concessões e gestos de aparente bondade, buscando sagrar-se bom perante a opinião geral.

Assim sendo, pensa detidamente em como te colocas no mundo e que imagem deixas transparecer, tanto quanto que intenções te movem. Nem sempre o que apregoas é o retrato fiel da realidade. Nem todo mundo é tão bom quanto diz ser, nem tão certo quanto divulga. Muito menos, tão honesto quanto pretende. Lembra que todos os viventes no planeta Terra são apenas humanos, e não anjos. Nem mesmo aqueles homens que te parecem referência espiritual são o retrato da meiguice ou o reflexo da santidade de que porventura o julgas detentor. Frequentemente são necessárias máscaras para arrebatar a multidão e palavras mansas e pacíficas para seduzir ou encantar uma plateia.

A massa costuma ser muito volúvel e influenciável pelo comportamento humano, principalmente pelo poder da mídia e da comunicação. Veja como exemplo o próprio Jesus. Com dois mil anos de *marketing* em torno de sua figura, não é tarefa fácil a qualquer pessoa de bem despi-lo da feição de santinho, bonzinho ou da meiguice que a religião deu a ele. Mostrá-lo como realmente é — o Jesus histórico, e não o Cristo formatado e criado pela religião, mantido por religiosos — faz com que o indivíduo seja classificado de desrespeitoso, herege, anticristão, endemoniado ou obsidiado, mal-assistido, representante do mal. Muita gente se deixa levar por aquilo que a mídia divulga, inclusive a mídia pessoal, num excelente trabalho de *marketing* realizado pelo próprio indivíduo.

Um homem de bem nunca faz *marketing* pessoal. Simplesmente vive de acordo com seu ideal, mesmo que este possa dizer bastante a respeito de si próprio ou esteja ligado sobremaneira à projeção de sua personalidade. Suas obras aparecem com naturalidade, sem que faça esforço para mostrar-se, aproveitar as circunstâncias ou fazer proselitismo.

Em que posição estás? Na de homem bom ou na de homem de bem? Lembremos Jesus, que, uma vez chamado de "Bom Mestre"[12] por um admirador, respondeu: "Não me chame de bom, pois bom só existe um, o Pai".

---

[12] Mt 19:16; Mc 10:17; Lc 18:18.

26
Morte e morrer

"Na verdade, na verdade vos digo que, se o grão de trigo, caindo na terra, não morrer, fica ele só; mas se morrer, dá muito fruto."
João 12:24

COMO O HOMEM TEM MEDO da morte! Como o espiritualista tem medo de morrer! É comum que ele se apregoe crente na imortalidade da alma, defensor da existência dos espíritos, e não hesite em divulgar-se médium, intermediário das forças ocultas e das inteligências do Invisível. Mas quando se aproxima a enfermidade ou o risco de abandonar o corpo físico, quase enlouquece. De imediato, procura um meio de driblar o destino ou os espíritos nos quais diz acreditar, tentando barganhar. Quer ter de volta a saúde a troco de serviços prestados à comunidade ou de promessas de santidade compulsória, aludindo a uma bondade que nunca conquistou. As atitudes de desespero se multiplicam a tal ponto que a crença na imortalidade passa a lhe servir apenas como pretexto para entrar em contato com alguma energia ou força oculta que julgue capaz de beneficiá-lo ou restaurar-lhe a saúde.

Dificilmente se vê alguém que encare a morte de maneira tranquila e com naturalidade. Mais difícil ainda é ver alguém se preparar para a morte e o morrer; a esmagadora maioria vive como se acreditasse que nunca chegará sua hora.

Daquele que crê genuinamente na sobrevivência do espírito, espera-se muito mais do que descontrole emocional diante do próprio destino. Seria de esperar de quem tem responsabilidades perante o mundo espiritual, e crê na continuidade da vida e dos projetos a realizar, que se preparasse de forma inteligente para o momento de abandonar o corpo definitivamente. É compreensível a necessidade de elaborar planos, um planejamento sábio, a fim de que os continuadores das tarefas possam levar avante, com o menor abalo possível, o trabalho começado ou os projetos traçados. Traçar uma estratégia para o momento em que seja necessário retornar para o Invisível seria o mínimo a fazer, no que toca àqueles que dizem acreditar na imortalidade da alma e na vida em mundos invisíveis.

Mas o que ocorre, na prática? Em meio ao despreparo para morrer, vicejam o desespero, as tentativas de barganha com os representantes da imortalidade ou a atitude precipitada de se entregar a alguma religião salvacionista que prometa tesouros e milagres. Abdica-se da capacidade de raciocinar por conta própria, de se preparar para o inevitável, embora muitas vezes adiável.

Deveriam ser instituídos cursos de preparação para a morte, pois, sendo um evento incontestável, comum a todos os seres humanos, seria de bom alvitre dotá-los de recursos para enfrentar o mundo invisível e para sobreviver aos momentos finais com o máximo de serenidade. Seria inteligente a pessoa tomar as devidas providências com o intuito de que, ao regressar a um novo corpo físico, possa encontrar as coisas mais fáceis do que quando as deixou, no círculo ou na família espiritual a que pertence. Em vez disso, mesmo entre os estudiosos do mundo espiritual, a ampla maioria encontra-se prisioneira do medo, pois que muitos procuram a religião mais como fuga e menos como ideal ou caminho de espiritualidade; mais como forma de preencher um vazio interior e escapar das próprias angústias, não como fonte de realização íntima. Eis por que tão grande número de pessoas, mesmo entre aquelas que estudam o mundo espiritual, ainda se vê refém do medo, do pavor e de quase pânico ao se descobrir portador de alguma enfermidade que possa apressar a grande passagem ao outro lado da vida.

Como se pode notar, temos como desafio o enfrentamento dessa questão de magna e imediata importância para a humanidade. A morte e o morrer ocupam um lugar muito mais central do que normalmente se lhes atribui. Por isso, seria muitíssimo útil uma abordagem sem medos e destituída de tabus, que visasse capacitar as pessoas para o encontro com o Invisível, com seus habitantes e situações.

Segundo esse ponto de vista, e de acordo com a necessidade de encarar a morte como um portal, um casulo por onde entra a larva e sai a borboleta, pergunto-te: que farias tu caso soubesses dispor de apenas mais um dia ou uma semana de vida? Como seriam tuas reações? Que prioridades terias? Como tratarias a questão?

Pois, visando auxiliar-te no enfrentamento desse momento que um dia despontará para ti tanto quanto para qualquer ser vivente do mundo, aconselho-te que penses em viver cada dia de tua vida como se fosse o último, mas trabalhar como se fosses viver mil anos. A eternidade te espera, e a vida que pensas viver aqui é apenas uma antessala da imensidade de vida que te aguarda, mesmo que teus olhos temporariamente estejam imersos na ilusão, no grande maia da vida terrestre. Viverás entre os Imortais, independentemente de acreditares ou não. Simplesmente, viverás.

27
A importância do dinheiro

"Por que não puseste, pois, o meu dinheiro no banco,
para que eu, vindo, o exigisse com os juros?"
Lucas 19:23

O DINHEIRO TE INCOMODA? Ou é a falta dele? Muitos são os que se sentem incomodados com quem tem dinheiro, com quem ganha bem ou administra bem seus recursos e alcança prosperidade. Julgam que todos ou quase todos que têm dinheiro roubaram, roubam ou tomaram parte em algum negócio escuso, criminoso ou antiético. Não conseguem conviver com a ideia de que alguém possa ter mais do que eles por méritos próprios, nem ver que existem pessoas que sabem administrar bem melhor sua vida e seus recursos.

Também há aqueles que consideram o dinheiro algo sujo. Cometeram tantos desatinos ou puseram a perder tantos projetos, a tal ponto se entregaram ao autoboicote, desperdiçando-o, desvalorizando-o e não o utilizando de maneira inteligente, que hoje, simplesmente, veem o dinheiro como símbolo de algo espúrio. É absurdo, mas há até mesmo certos religiosos que apregoam ser o dinheiro a causa de todos os males.

Que dizer do desperdício contumaz, então? É a prova de que o detentor da riqueza não preza o que está temporariamente sob sua tutela. Quantas pessoas, frequentemente as mais necessitadas de dinheiro, cometem insanidades a fim de obtê-lo, para logo em seguida o desperdiçarem, na primeira oportunidade? Semelhante comportamento explica por que a vida não conduziu certos valores a pessoas que não os souberam valorizar.

Sem dúvida, há muito o que falar e entender a respeito do dinheiro. Uma coisa é certa, porém: não se pode desmerecê-lo nem esquecer que é a força propulsora do progresso da humanidade. Sem ele, como se levantariam hospitais, creches, casas de caridade ou como se patrocinariam obras beneméritas e sociais? Como avançariam as ciências, como se educariam os homens; enfim, como se ergueriam e desenvolveriam as bases da civilização no mundo?

Dinheiro faz bem para quem sabe utilizá-lo, mas é um desastre nas mãos de quem não o valoriza nem sabe empregá-lo de maneira inteligente. Sabiamente empregado, bem compreendido seu potencial de realização, patrocina obras públicas, progresso social e em todos os demais campos e nuances concebíveis no mundo material. Também pode ser utilizado para fomentar a cultura, aumentar o conhecimento e erguer tanto um prédio quanto um império. Mal usado, ou nas mãos de quem não sabe como administrá-lo, torna-se uma arma poderosa para a destruição de sonhos, aspirações e ideais.

Dinheiro de sobra não está necessariamente associado à sabedoria na sua utilização. Fartura jamais solucionará o problema da infelicidade humana, embora a escassez possa causar ou aumentar largamente a aflição, a dor e a fome, solapando a fé, a esperança e os projetos futuros.

Um dos grandes problemas do dinheiro é saber quem pertence a quem, ou quem domina quem: o possuidor domina o dinheiro ou é possuído por ele?

Esse é um aspecto que merece reflexão por parte de todos os humanos.

Perante a diversidade de situações relacionadas ao dinheiro, é bom refletir sobre o que estás fazendo com ele em tua vida ou o que ele está fazendo de tua vida. É útil encarar as dificuldades decorrentes do teu passado de incertezas e desacertos na área financeira. Enfrenta o desafio de tomar as rédeas de tua vida nas próprias mãos e aprende a administrar as questões econômicas, pois delas depende teu futuro na Terra e as conquistas que alcançarás, bem como a execução dos teus planos de progresso. Ao menos por ora, não é possível viver sem os recursos financeiros, os quais, aliás, representam um progresso da civilização.

Muita gente julga que o dinheiro traz consigo inúmeras consequências daninhas ou nocivas. Contudo, é bom avaliar se realmente é o dinheiro o mensageiro infeliz ou se são as paixões humanas que ele pode despertar, como a ambição desmedida e o inebriante desejo de poder. A ânsia de dominar é que converte o dinheiro num mecanismo, numa ferramenta para atingir objetivos nem sempre éticos ou úteis à humanidade.

Administrar bem o dinheiro e empregá-lo de maneira a garantir certa tranquilidade no futuro, ou qualidade de vida, é um desafio que compete a todos os indivíduos.

Quando ganhas dinheiro, podes empregar pessoas, que auxiliam suas famílias, que têm acesso às bênçãos do progresso, ao medicamento, ao lazer, ao estudo e a inúmeras outras situações e coisas que, sem ele, seriam inalcançáveis. Podes muito bem garantir a tua tranquilidade e a vida mais cheia de qualidade, mas, além disso, é impossível que ganhes dinheiro e, em alguma proporção, não auxilies outros a manter e movimentar a própria vida. O dinheiro traz uma roda--viva de realizações e promove um círculo de progresso em torno de si.

Porém, para que se possa usufruir desse efeito benéfico, é preciso trabalhar o medo do dinheiro e a dificuldade em falar do assunto de maneira saudável e proveitosa. Por exemplo, há que vencer a incapacidade ou a inabilidade de atribuir preço e valor ao trabalho prestado ou contratado, bem como aprender a estabelecer diferença entre preço, investimento, valor e gasto.

Fazer essas reflexões nos faz lembrar também a necessidade de reorganização mental e emocional para lidar com o fruto do trabalho, sabendo empregá-lo de forma mais produtiva, conveniente ao momento evolutivo ou à necessidade íntima da alma. Ao analisar o meio de lançar mão dos recursos amealhados pela força do trabalho, automaticamente impõem-se outras necessidades. Entre elas, avaliar a capacidade de administrar a si mesmo, de investir o tempo e os talentos, de aplicar os recursos financeiros e intelectuais de maneira a não se tornar avaro, mas sabendo como lidar com o ter e o ser, sem se perder em meio a tantas possibilidades que o dinheiro faculta. Talvez por isso tenha sido dito, um dia, que o dinheiro é das maiores provações da humanidade.[13]

Ter ou não dinheiro constitui um desafio dos maiores para o crescimento pessoal.[14] Administrar aquilo que não tens ou o que não te pertence talvez exija mais co-

---

[13] Cf. KARDEC. *O livro dos espíritos*. Op. cit. p. 220, item 264 (ver item 261, também).

[14] Ibidem, itens 814–816.

ragem e seja bem mais desafiador do que administrar o que é teu ou, ainda, fazer uso daquilo que tens, quando tens. Em todo caso, é educativo, mas deves reconhecer que não é exatamente o dinheiro que faz pobres ou ricos ou define quem viverá na pobreza e na riqueza. Isso é questão de valores, e é muito mais complexa do que a simples estratificação social.

O dinheiro é um instrumento extraordinário, que pode significar crescimento social, amadurecimento pessoal ou derrocada espiritual. O instrumento em si não tem pendores para uma ou outra coisa; é neutro. Importa é a decisão do que fazer com ele e de como coordená-lo, distribuí-lo, empregá-lo, multiplicá-lo ou torná-lo ferramenta de poder e manipulação. Depende da vontade e da visão de cada um, da maturidade interna do ser ou da realidade íntima, e não da máscara social ostentada por tanta gente.

Eis que teu desafio maior é, na verdade, poder multiplicar de maneira inteligente os talentos que te foram confiados. Compete a ti transformá-los em mola propulsora do progresso para aqueles que te rodeiam e para ti ou, então, perder essa oportunidade, lançando-

-te aos precipícios da avareza, da ganância e do desequilíbrio. Em qualquer situação, ter, possuir e administrar o dinheiro que te foi confiado ou que conquistaste revelará quanto tens amadurecido ou onde terás colocado teu coração — "Porque, onde estiver o vosso tesouro, ali estará também o vosso coração".[15]

[15] Lc 12:34.

28
Fazer as pazes com suas emoções

"Ou que se apodere da minha força, e faça paz comigo;
sim, que faça paz comigo."
Isaías 27:5

MUITA GENTE FICA BRIGANDO com suas emoções, como se fossem suas inimigas e se constituíssem em impedimento à caminhada espiritual. Pessoas cujo passado está marcado por uma vivência religiosa mal orientada geralmente trazem a culpa impregnada em seu íntimo, como uma sombra a persegui-las por todo lugar. Ficam insatisfeitas consigo mesmas porque têm raiva ou ímpetos violentos ou porque sentem angústia, tristeza, revolta, ressentimento, indignação, impaciência, entre tantas emoções consideradas daninhas e prejudiciais, quiçá pecaminosas, pela maioria das pessoas que iniciam uma caminhada religiosa. Tentam de tudo, lançam mão de todos os recursos para extirpar as emoções, como se fosse possível, numa cirurgia irracional, eliminar tantas quantas puderem ser removidas, quem sabe a maioria delas. A briga continua vida afora, numa verdadeira queda de braço, até que as emoções vençam ou que os indivíduos façam as pazes com elas. Não encontram qualquer outro caminho, simplesmente porque não o há.

Extirpar as emoções equivaleria a abdicar da condição humana, da humanidade. Brigar com elas é perder precioso tempo, além de ter a certeza de que a luta já começa fadada à derrota. Muitos passam a vida tentando dominá-las, com se fosse possível, também, colocar um cabresto em cada emoção mais intensa e, à semelhança do que se faz a um animal, conduzi-la ao bel-prazer. Mas essa tentativa traduz, também, uma emoção, ou é fruto de um quadro de natureza profundamente emocional, que é a insatisfação consigo mesmo.

Encontramos emoções aparentemente indesejáveis em várias passagens do Evangelho. Contudo, nem Cristo nem os apóstolos, seus iniciados, encaravam-nas como indesejáveis. Ao invés disso, viam esses estados como profundamente humanos e naturais, dentro de certos limites. Pedro irou-se diversas vezes,[16] assim como sentiu tristeza e melancolia.[17] Jesus chorou,[18] altercou com escribas e fariseus, censurou e praguejou muitas vezes, demonstrando tanto irritação diante dos abusos da época quanto indignação contra os dominadores de sua geração.[19] Irritou-se de tal maneira que brandiu o chicote no templo e, num acesso de raiva — mas não destempero e descontrole, como revelam as curas que promove logo a seguir —, derrubou as mesas dos vendilhões no lugar sagrado.[20] Tachou certas pessoas de raça de víboras, uma das piores ofensas de então, e repudiou a falta de fé dos próprios discípulos.[21]

A raiva, por exemplo, como ocorre com outras emoções, não precisa ser manifestada de maneira destru-

---

[16] Cf. Jo 18:10; Lc 22:57-60.

[17] Cf. Mt 26:75; Mc 14:72.

[18] Cf. Lc 19:41; Jo 11:35; Mt 26:37-38.

[19] Cf. Mt 3:7; 12:34; 16:8,23; 23.

[20] Cf. Mt 21:12-14; Jo 2:14-16.

[21] Cf. Mt 6:30; 8:26; 14:31; 17:20; Mc 9:19; Jo 18:11.

tiva, tampouco reclama ser extirpada. Existe o caminho do meio, em vez de debater-se ou chatear-se por sentir raiva. Que tal expressá-la? Expressar a raiva é expressar a indignação contra algo que te atormenta, que não aceitas. Podes muito bem exprimir este descontentamento sem ter de destruir emocionalmente o outro, nem a si mesmo.

Se não for assim, a alternativa é deixar a raiva sair como uma força que foi duramente reprimida, numa explosão abrupta e descontrolada, o que pode causar desastre descomunal. Represá-la, tentar dominá-la, ocasiona uma autêntica calamidade dentro de si; é autodestruição emocional. Mas falar, expor, colocar para fora, deixar bem claro para o outro que discordas dele ou que se sentiu ofendido faz com que a raiva saia sem dar margem à catástrofe que não raro se vê na liberação da energia represada.

Igualmente outras emoções podem ser direcionadas pelo uso da razão, a fim de não provocarem o desastre que muita gente teme. Mas reprimir nunca foi o caminho mais acertado, pois tudo que se reprime ou represa acaba se avolumando e, quando menos se espera, irrompe, explode, manifestando-se de maneira violenta, intempestiva.

Sendo assim, em que consiste fazer as pazes com as próprias emoções, afinal? Em nada mais do que enfrentá-las, enfrentar-te e procurar entender, compreender por que tais emoções emergem de dentro de ti, ou as razões pelas quais arregimentam uma força tão poderosa e, às vezes, avassaladora e até devastadora em tua vida íntima.

Primeiramente, é preciso mergulhar dentro de ti e tentar compreender essa força, de onde se origina, além de entender a razão pela qual te destemperas. Mergulhar no porquê é conhecer-te mais profundamente. Com alguma frequência, as emoções hoje presentes em tua vida mental e emocional foram geradas em conflitos pretéritos, desde os primeiros instantes da vida intrauterina, passando pela infância e pela juventude.

Há outros motivos, também, para emoções irromperem de forma repentina, em crises ou explosões. Um fator muito comum, e o mais simples de todos, é considerares ultrajante alguém dizer ou teimar em ver o mundo e fazer as coisas de modo diferente do que gostarias, longe da maneira que vês como a melhor. Ou seja, as atitudes do outro, seu jeito de ser e de se comportar, como um todo, incomodam-te profundamente, a ponto de te sentires ofendido. Embora seja das causas mais comuns da eclosão de emoções, esse fato denota uma necessidade urgente de avaliar a ideia que fazes de ti mesmo, de tuas verdades, ainda que representem o que há de mais caro e nobre para ti, o jeito mais brilhante e virtuoso de se viver, de ver a vida e se portar no mundo. Nisso como em tudo o mais, há farto material dentro de cada um a reclamar reflexão, ponderação, reciclagem e reeducação.

Ante qualquer risco de explosão emocional, em vez de reprimir ou deixar que a força bruta saia sem constrangimento, que tal avaliar as causas internas que propiciaram o surgimento e o fortalecimento de tais emoções? Esse seria um convite perfeito ao mergulho no si. Uma imersão no eu, uma cirurgia na alma. Nada mais premente a fazer — ainda que doloroso — do que uma incisão sem dó, rasgando o interior, remendando a própria alma e fazendo as pazes com essas emoções, que nos dizem exatamente onde está o mal e, por conseguinte, o ponto a ser tratado.

Fazer as pazes com as emoções transfere o cerne do conflito: do lado externo, do alvo localizado no outro, para dentro de nós. E esse ponto de conflito só existe porque há algo que merece ser reconhecido, reciclado e modificado. No entanto, cabe a ti decidir quando empregarás tuas energias para proceder a esse mergulho transpessoal. Podes fazê-lo já, desenvolvendo a coragem de se jogar nas águas do próprio eu, ou então num momento futuro, quando essas águas decerto estarão revoltas, muito mais do que agora, e assim demandarás auxílio, a fim de que não te afogues nas próprias mágoas e nas emoções conturbadas que marcam tua existência.

Fazer as pazes com essa manifestação do humano é o mesmo que te admitires humano, falho e, portanto, com imenso material a ser transformado dentro de ti. Assim, que tal experimentar a autoanálise, conhecendo-te um pouco mais profundamente? Que tal te permitires a imersão em tua própria alma, revelando nela o que te incomoda no outro e que é, simplesmente, reflexo da tua realidade interna? Eis o convite da vida para ti: uma viagem ao teu interior.

29
O exercício do desapego

"Dai, e ser-vos-á dado."
Lucas 6:38

NADA NO MUNDO PERTENCE ao homem. O ser humano é apenas um usufrutuário das concessões da Divina Providência. Dinheiro, poder, posições, cargos ou encargos são apenas circunstâncias, às quais as pessoas são conduzidas, de um momento para outro, assim como podem ser levadas repentinamente na direção oposta, da noite para o dia, caso isso sirva ao aprendizado e à reeducação do espírito. Absolutamente nada é permanente no universo. Nem a saúde, nem a doença; nem a riqueza, nem a pobreza; tampouco a alegria, a dor e o sofrimento; tudo cumpre um papel educativo a serviço das forças da evolução.

Um ditado oriental assevera que tudo o que sobe, desce; mas tudo que desce, sobe, também. Segundo a terminologia de uma religião hindu, isso é o *respirar de Brahma*.

Na cosmologia hindu, Brahma é o Incognoscível, o supremo princípio imanente e transcendente do universo. Ele está presente em toda ação e em toda inação, bem como no caos, no bem e no mal. Quando ele origina e dá os contornos aos mundos e universos, a energia latente que nele existe é liberada no planeta criado na forma denominada *maia*, e é somente através dessa forma externa, tangível ou apreciável aos seres vivos que ele se dá a conhecer. Ao final de um ciclo de existência, medido em milhões e bilhões de anos solares, o universo é destruído, e o maia retorna a Brahma, que depois cria tudo novamente e se manifesta, outra vez, por meio de um novo maia.

Desse modo, o maia cria a ilusão de que as coisas aparentes são reais, de que o visível é o único mundo existente, e os seres vivos mergulham na realidade alternativa do maia a fim de transformarem o mundo e o universo, dando sentido à vida. No entanto, pouco a pouco cada vivente liberta-se da ilusão do maia e descobre a vida verdadeira, constatando que, por trás do véu, a grande alma do universo é que preside a tudo.

Sob esse aspecto, até mesmo os conceitos sobre essa força criadora suprema se modificam. Nem mesmo a ideia que se faz do Incognoscível é permanente; ela modifica-se constantemente. A percepção do universo e as coisas e situações vividas pelos filhos da vida se reorganizam, modificam-se, mudam o tempo inteiro. O universo revela-se impermanente. Portanto, libertar-se do maia, da ilusão de que as situações e posições sejam perenes, de que as coisas pertencem a qualquer um, é tarefa de despertamento espiritual.

Exercitar o desapego em relação a questões do universo visível, desapegar-se de pessoas, coisas, posições e pretendidas posses, em qualquer momento, é o mesmo que regressar ao verdadeiro sentido da vida. E esse exercício do desapego torna-se muito mais necessário quando se leva em conta que a vida na matéria é passageira e que ninguém está fadado a viver indefinidamente. A morte é uma realidade à qual ninguém poderá furtar-se.

Ainda segundo a mitologia hindu, quando Brahma expira, ele tudo cria, e tudo se expande no universo. Quando ele inspira, ao contrário, tudo se contrai, a própria criação se ressente, precipitando-se de volta ao fôlego do criador. Aparentemente o universo é destruído para ser reconstruído por inteiro, num novo ciclo de vida. Depreende-se dessa realidade que tudo no universo obedece a um ritmo. Tudo tem seu apogeu para, depois, alcançar a inanição, estabilizar-se e, logo após, regredir, refazendo os passos até a completa paralisação. Novamente tudo atravessa transformações e vive novamente, cresce e progride.

Sob essa visão cosmogônica do mundo e do universo, podemos entender que, na vida, tudo obedece a um ritmo, incluindo a saúde, a enfermidade e todas as demais coisas pertencentes ao universo criado, visível. Faz parte da vida passar pelo período de adoecimento, tanto quanto pela fase saudável. Conhecer a riqueza e a prosperidade, assim como a pobreza e a escassez. É natural observar tanto o período de crescimento quanto o de fenecimento e morte. Mas também a ressureição faz parte desse ritmo glorioso do universo.

Dado que tudo o que é visível é impermanente, o desapego é algo urgente e inteligente de nossa parte. Ninguém é dono de nada. Nenhum ser vivo possui aquilo que julga pertencer a ele. Na verdade, a única coisa que o ser possui é aquilo que doa, isto é, os valores impalpáveis das aquisições espirituais. Quanto mais se retém, menos se tem.

Como se pode notar, exercitar o desapego não é somente uma atitude inteligente, mas um processo de reeducação da mente e das emoções, que visa evitar o sofrimento desnecessário. Em outras palavras, a vida concita a liberar-se da ilusão, do maia, que procura dar a ideia de que tudo pertence ao homem ou de que ele é senhor das coisas, pessoas e situações — o que constitui um engano de graves consequências. Por fim, o convite supremo ao desapego é a própria morte.

Nem mesmo o trabalho em favor do bem, a que eventualmente te dedicares, pertence a ti. Então, exercita urgentemente o desapego em relação a tudo e todos com que convives. Faze isso antes que se levante o véu da ilusão e percebas a vida da forma como ela é, antes que o ritmo se altere e o universo seja apresentado à tua visão sob um aspecto diferente. De acordo com tua maneira atual de ver e perceber a vida, poderás chocar-te ao descobrir que nada permanece para sempre, nem mesmo os amores que te fazem feliz ou a saúde, que brilha em tua face com a vitalidade orgânica ou emocional. Tudo muda; tudo o que sobe, desce.

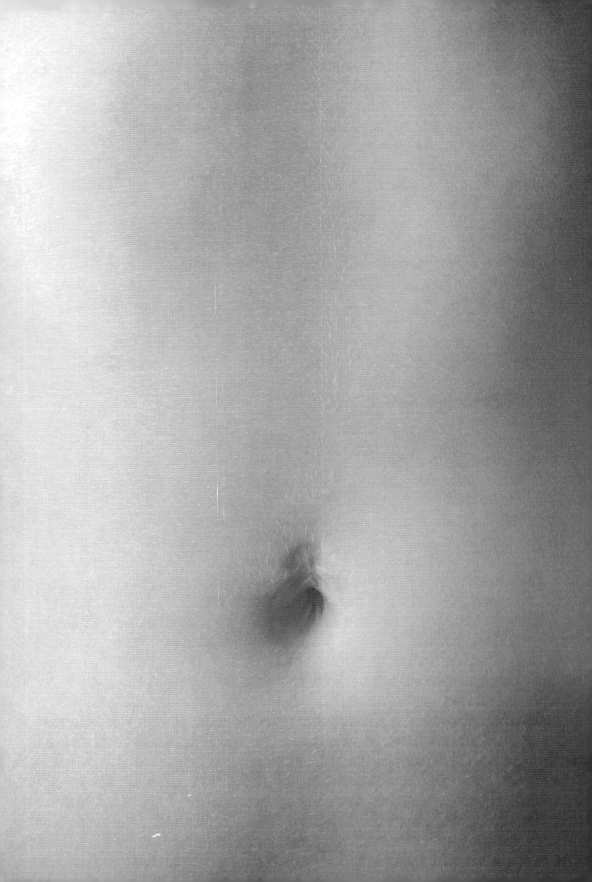

30
Cura ou reequilíbrio?

"Ao entrar numa aldeia, vieram-lhe ao encontro dez leprosos, que pararam ao longe e elevaram a voz, clamando: Jesus, Mestre, tem compaixão de nós! Jesus viu-os e disse-lhes: Ide, mostrai-vos ao sacerdote. E quando eles iam andando, ficaram curados. Um deles, vendo-se curado, voltou, glorificando a Deus em alta voz. Prostrou-se aos pés de Jesus e lhe agradecia. E era um samaritano. Jesus lhe disse: Não ficaram curados todos os dez? Onde estão os outros nove? Não se achou senão este estrangeiro que voltasse para agradecer a Deus?! E acrescentou: Levanta-te e vai, tua fé te salvou."
Lucas 17:12-19[22]

QUANTOS PROCURAM CURAS e resolução de problemas nos benfeitores espirituais, neles projetando as responsabilidades pelo próprio reajuste perante as leis divinas

---

[22] BÍBLIA Sagrada Ave-Maria. São Paulo: Ave-Maria, 2009.

no qual se veem mergulhados. Depois de se especializarem, ao longo de toda uma vida, em desequilíbrios e excessos, quando a vida os obriga a colher os frutos de tais atitudes, pensam que haja uma força no universo — sejam espíritos, Cristo ou o próprio Deus — capaz de eliminar o sofrimento ou a dificuldade. Ora, se hoje existe dor, é em decorrência de determinadas atitudes, de autoboicotes e desajustes do passado.

A saúde foi, muitas vezes, relegada a segundo plano. Conselhos médicos foram desacreditados ou nem mesmo levados a sério e, em muitos casos, houve alimentação desregrada, uso indevido e em excesso de drogas, ingestão de bebidas alcoólicas ou alimentos incompatíveis com a realidade, a idade ou a resistência orgânica do indivíduo. Como resultado, a soma de alguns ou todos esses fatores fizeram eclodir no corpo físico as consequências dolorosas de atitudes menos sadias ou, mesmo, desequilibradas. Menosprezando as reservas energéticas dadas por ocasião do reencarne, muitos desrespeitaram os próprios limites. Quando tais reservas começam a dar sinais de esgotamento, ficam aturdidos, pois, no fundo, sabem dos excessos cometidos e da energia que lhes falta, então, para enfrentar os desafios do reequilíbrio.

Advindos do passado, muitos conflitos emergem do inconsciente, somatizando e tornando o corpo menos resistente, tanto quanto trazendo à memória celular esses traumas remotos. A saúde periclita, balanceia as forças da alma, e a resistência emocional e orgânica cedem ante a necessidade de reeducação.

Nenhum espírito interferirá nos ditames das leis da natureza, as quais fazem com que cada um colha, na medida exata, aquilo que semeou ou deixou de semear. Nessa hora, são inócuas as lágrimas e reclamações; é inútil fazer-se de vítima; são em vão os exageros emocionais. Há que colher, na dose certa, o que se investiu na vida, na própria vida. Muitos problemas de saúde de hoje são ferramentas de educação do espírito; são instrumentos para despertar a responsabilidade perante a vida, que foi doada a cada um, com vistas à eternidade. Eis que surge a dor como pano de fundo, conclamando ao reajuste urgente. Toda dor emocional, todo sofrimento físico decorrente da saúde em degeneração é o corpo a dizer, em linguagem não articulada, que o espírito precisa de reeducação, de uma lição de valorização da própria vida. Privar o espírito dessa oportunidade de aprender, mesmo que o momento seja difícil, é colocar--se em franca oposição às leis divinas.

Muita gente, sofrendo as limitações de uma saúde frágil, quando curada, retorna aos desequilíbrios que geraram as dificuldades recém-tratadas. É o que ensina a história dos dez leprosos. Um dia curados pelo grande médico das almas, a grande maioria deles regressou às atitudes geradoras das enfermidades.

Dessa forma, é bom entender que a terapia espiritual — pelo menos aquela com a qual estamos comprometidos os espíritos de nossa egrégora — não significa cura, eliminação do mal físico ou orgânico, tampouco a redenção imediata, mediante a remoção dos sintomas de sofrimento das pessoas. Acima de tudo, essa terapia espiritual visa ao reequilíbrio. Podemos dizer que se trata de uma cota generosa de energia que é doada ao ser, com o intuito de estimulá-lo a se reerguer ou a reavaliar atitudes e pensamentos. Durante esse processo, a energia emprestada fará o trabalho de reorganização celular, se houver empenho por parte do enfermo e dedicação em promover a retomada da harmonia íntima.

Não adianta dissimular a situação com palavras bonitas ou conceitos pretendidamente mais políticos, mais espiritualizados ou defensores de um rigor moral ou ético. O problema maior do ser humano é comportamental; é permitir-se muito mais do que as leis da natureza determinaram como limite para o chamado livre-arbítrio. O homem quer sempre um tipo de liberdade para fazer, realizar, gozar a vida, sem amarras nem limitações; porém, na hora de colher os frutos de seu comportamento, daquilo que se configurou excessivo para ele, reclama, chora, culpa os espíritos, Deus, o universo. Contudo, colheita é colheita, e ninguém colhe figos em espinheiros nem uvas num abacaxizeiro.

A saúde frágil já é um indicativo da sobrecarga que aquele corpo aguenta ou dos limites que aquele espírito, habitante do corpo em questão, carece aprender. Problemas recorrentes de saúde sintetizam a bondade divina a repetir a lição que o espírito não aprendeu ou as atitudes que postergou; é o corpo falando, através da linguagem da dor, que está na hora de refazer a caminhada. É inútil se rebelar, iludir-se ou tentar adaptar as palavras, buscando outra forma de explicar os fatos. Enfermidade, dor e doença são crises da alma, e toda crise é a vida dizendo, em voz forte e audível, que é hora de mudar algo na intimidade.

Nenhum benfeitor esclarecido te curará, se esse gesto representar retirar de ti a oportunidade de aprendizado; tampouco desviará da rota as lições que a vida preparou para ti. O objetivo não é curar o corpo, mas acordar a alma; é despertar o espírito para suas responsabilidades consigo próprio e com o corpo, seu templo sagrado. Em algum momento da caminhada, este foi menosprezado, deixou de receber os devidos cuidados e teve ignorados seus apelos, que sublinhavam os próprios limites e limitações.

Portanto, se tua saúde se fragiliza, se teu corpo pede socorro, procura a terapia espiritual, sim, mas não te esqueças de que, para valorizar o templo sagrado do teu espírito, precisas, sobretudo, respeitá-lo e amá-lo. Deves, ainda, preservá-lo dos excessos e de determinadas situações, exercitando teus desejos e necessidades de modo a não exigir de teu corpo mais do que para ele foi programado pela vida e pela natureza. A terapia espiritual visa ao reequilíbrio, mas a cura depende unicamente de ti, e não de forças externas.

Referências bibliográficas

BÍBLIA de referência Thompson. São Paulo: Vida, 1995. Tradução contemporânea de João Ferreira de Almeida.

BÍBLIA Sagrada Ave-Maria. São Paulo: Ave-Maria, 2009.

KARDEC, Allan. *O Evangelho segundo o espiritismo*. Tradução de Guillon Ribeiro. 1ª ed. esp. Rio de Janeiro: FEB, 2004.

_____. *O livro dos espíritos*. Tradução de Guillon Ribeiro. 1ª ed. esp. Rio de Janeiro: FEB, 2005.

CATÁLOGO | **CASA DOS ESPÍRITOS**

ROBSON PINHEIRO

PELO ESPÍRITO JÚLIO VERNE
2080 [obra em 2 volumes]

PELO ESPÍRITO ÂNGELO INÁCIO
Encontro com a vida
Crepúsculo dos deuses
O próximo minuto
Os viajores: agentes dos guardiões
Nova ordem mundial
COLEÇÃO SEGREDOS DE ARUANDA
Tambores de Angola
Aruanda
Antes que os tambores toquem
Corpo fechado (pelo espírito W. Voltz)
SÉRIE CRÔNICAS DA TERRA
O fim da escuridão
Os nephilins: a origem
O agênere
Os abduzidos
TRILOGIA O REINO DAS SOMBRAS
Legião: um olhar sobre o reino das sombras
Senhores da escuridão
A marca da besta
TRILOGIA OS FILHOS DA LUZ
Cidade dos espíritos
Os guardiões
Os imortais
SÉRIE A POLÍTICA DAS SOMBRAS
O partido: projeto criminoso de poder
A quadrilha: o Foro de São Paulo
O golpe

ORIENTADO PELO ESPÍRITO ÂNGELO INÁCIO
Faz parte do meu show

PELO ESPÍRITO TERESA DE CALCUTÁ
A força eterna do amor
Pelas ruas de Calcutá

PELO ESPÍRITO FRANKLIM
Canção da esperança

PELO ESPÍRITO PAI JOÃO DE ARUANDA
Sabedoria de preto-velho
Pai João
Negro
Magos negros

PELO ESPÍRITO ALEX ZARTHÚ
Gestação da Terra
Serenidade: uma terapia para a alma
Superando os desafios íntimos
Quietude

PELO ESPÍRITO ESTÊVÃO
Apocalipse: uma interpretação espírita das profecias
Mulheres do Evangelho

PELO ESPÍRITO EVERILDA BATISTA
Sob a luz do luar
Os dois lados do espelho

PELO ESPÍRITO JOSEPH GLEBER
Medicina da alma
Além da matéria
Consciência: em mediunidade, você precisa saber o que está fazendo
A alma da medicina

ORIENTADO PELOS ESPÍRITOS
JOSEPH GLEBER, ANDRÉ LUIZ E JOSÉ GROSSO
Energia: novas dimensões da bioenergética humana

COM LEONARDO MÖLLER
Os espíritos em minha vida: memórias
Desdobramento astral: teoria e prática

CITAÇÕES
100 frases escolhidas por Robson Pinheiro

MARCOS LEÃO PELO ESPÍRITO CALUNGA
Você com você

DENNIS PRAGER
Felicidade é um problema sério